PIS E COFINS
COMO CALCULAR E RECOLHER

CLEÔNIMO DOS SANTOS

PIS E COFINS
COMO CALCULAR E RECOLHER

14ª Edição

- Atualizado de acordo com a IN RFB 2.121/2022 e IN RFB 2.152/2023 (Regulamento do PIS/COFINS).
- Atualização de acordo com a Lei 14.592/2023.
- Conceitos gerais sobre modalidades de apuração e recolhimento do PIS e da COFINS, com ênfase nos regimes cumulativo e não cumulativo.
- Esclarecimentos sobre a questão da exclusão do ICMS na base de cálculo do PIS e da COFINS, tema que afeta a maioria dos contribuintes.
- Esclarecimento sobre o alargamento do conceito de insumos, com base em acórdão do STJ, em Nota Explicativa da PGFN e em Parecer Normativo Cosit/RFB 05/2018 para efeito de apuração do crédito de PIS e COFINS no regime não cumulativo.

Freitas Bastos Editora

Copyright © 2023 by Cleônimo dos Santos

Todos os direitos reservados e protegidos pela Lei 9.610, de 19.2.1998.

É proibida a reprodução total ou parcial, por quaisquer meios, bem como a produção de apostilas, sem autorização prévia, por escrito, da Editora.
Direitos exclusivos da edição e distribuição em língua portuguesa:
Maria Augusta Delgado Livraria, Distribuidora e Editora

Direção Editorial: Isaac D. Abulafia
Gerência Editorial: Marisol Soto
Diagramação e Capa: Madalena Araújo

**Dados Internacionais de Catalogação na Publicação (CIP)
de acordo com ISBD**

S237p	Santos, Cleônimo dos
	PIS E COFINS: Como calcular e recolher / Cleônimo dos Santos. - 14. ed. - Rio de Janeiro : Freitas Bastos, 2023.
	352 p. ; 15,5cm x 23cm.
	ISBN: 978-65-5675-320-1
	1. Contabilidade. 2. PIS/PASEP. 3. COFINS. I. Título.
2023-1879	CDD 657
	CDU 657

Elaborado por Odilio Hilario Moreira Junior - CRB-8/9949

Índice para catálogo sistemático:
1. Contabilidade 657
2. Contabilidade 657

Freitas Bastos Editora
atendimento@freitasbastos.com
www.freitasbastos.com

CLEÔNIMO DOS SANTOS é bacharel em Ciências Contábeis, com MBA em *Controladoria* Estratégica. Empresário Contábil. Professor universitário em cursos de graduação e pós-graduação. Assessor e consultor de empresas em matéria de Imposto de Renda e Contabilidade. É autor dos livros: "Auditoria Fiscal e tributária", "Depreciação de Bens do Ativo Imobilizado", "Quanto Vale sua Empresa"; "IRPJ Para Contadores", "Contribuição Social Sobre o Lucro – Cálculo, Apuração e Recolhimento", "Normas contábeis na Prática – Um Guia para o dia a dia das empresas", "Contabilidade Fundamental", "Principais Providências para Fechamento de Balanço", "Auditoria Contábil", Análise financeira e orçamentária, Contabilidade Fundamental," Exame de Suficiência em Contabilidade", "Fechamento de Balanço – Teoria e Prática"; "Manual da Demonstração dos Fluxos de Caixa"; "Manual das Demonstrações Contábeis";" Contabilidade na Atividade Imobiliária"; "Estrutura e Análise de Balanços"; "Plano de contas: Uma abordagem prática" e "Simples Nacional".

APRESENTAÇÃO

Apresentamos a você, leitor, o Livro "PIS e COFINS – Como Calcular e Recolher".

Passados mais de 20 anos de sua primeira edição, a obra reflete a legislação consolidada pela IN RFB nº 2.121/2022 que, até então, encontrava-se esparsa em uma infinidade de instruções publicadas ao longo dos anos, com a proposta de levar ao leitor uma visão geral e prática das contribuições para o PIS e a COFINS.

O livro oferece ao leitor os conceitos gerais sobre as duas modalidades de apuração e recolhimento dessas contribuições: o regime cumulativo e o regime não cumulativo. A diferença básica entre os dois regimes consiste no fato de que, no regime cumulativo, a tributação se dá por alíquotas inferiores (0,65% para o PIS e 3% para a COFINS). Já no regime não cumulativo, essas alíquotas correspondem respectivamente a 1,65% e 7,6%. No entanto, no regime não cumulativo, até como uma forma de compensar a alíquota de tributação mais elevada, existe a possibilidade de aproveitamento de créditos sobre insumos e outros itens.

O livro disseca estes e outros conceitos, propiciando ao leitor maior segurança na hora de apurar o PIS e a COFINS.

Nesta edição, o livro traz como novidade, logo no seu primeiro capítulo, aspectos relevantes sobre a questão da exclusão do ICMS na base de cálculo do PIS e da COFINS, tema que afeta praticamente a maioria dos contribuintes.

Outro assunto importante também tratado nesta edição diz respeito ao alargamento do conceito de insumos, e que se arrasta já há algum tempo. Essa discussão, embora antiga, atingiu seu ápice em 2018, com a publicação pelo Superior Tribunal de Justiça de acórdão em que ficou definido que, para fins de crédito de PIS e COFINS, as empresas podem considerar insumo tudo o que for essencial para o "exercício da sua atividade econômica". Posteriormente, ao final de 2018, a Procuradoria Geral da Fazenda Nacional publicou nota explicativa aceitando entendimento do Superior Tribunal de Justiça.

No entanto, faltava a RFB se manifestar sobre o assunto. Isso se deu por meio do Parecer Normativo Cosit/RFB nº 05, de 17 de dezembro de 2018 que, em linhas gerais, deixou de ser extremamente restritivo quanto ao conceito de insumos. Esse segundo tema é tratado com profundidade no capítulo 4, subitem 6.6.

Esses dois temas destacados acima também foram objeto da "Nova" regulamentação do PIS e da COFINS (IN RFB nº 2.121/2022).

Mais do que ser um "guia prático", a ideia de elaborar este livro nasceu da proposta de levar aos profissionais das áreas contábil e fiscal um instrumento de pesquisa constante, com o objetivo de facilitar o seu dia a dia.

O Autor.

Entre em contato com o autor pelo e-mail:
cleonimo@hotmail.com

SUMÁRIO

15   **CAPÍTULO 1**
A QUESTÃO DA EXCLUSÃO DO ICMS NA
BASE DE CÁLCULO DAS CONTRIBUIÇÕES –
ESCLARECIMENTOS INICIAIS

    1. "ORIGEM DO PROBLEMA"...15

    2. COMO FICAM AS CONTRIBUIÇÕES NA PRÁTICA? 19

25   **CAPÍTULO 2**
IMUNIDADES, ISENÇÕES E NÃO INCIDÊNCIA

    1. REGRAS APLICÁVEIS AO PIS E À COFINS............................25

    2. REGRAS APLICÁVEIS SOMENTE À COFINS.......................29

    3. SUSPENSÃO DA INCIDÊNCIA 31

    4. ISENÇÃO CONCEDIDA À INSTITUIÇÃO DE ENSINO
SUPERIOR QUE ADERIR AO PROUNI 36

39   **CAPÍTULO 3**
REGIME CUMULATIVO

    1. CONTRIBUINTES SUJEITOS AO REGIME
CUMULATIVO...39

    2. CONTRIBUINTES EXPRESSAMENTE INCLUÍDOS
NO REGIME CUMULATIVO 40

    3. RECEITAS SUJEITAS AO REGIME CUMULATIVO.............41

    4. BASE DE CÁLCULO 47

    5. EXCLUSÕES ADMITIDAS DA BASE DE CÁLCULO 51

    6. ALÍQUOTA APLICÁVEL E PRAZO DE
RECOLHIMENTO...60

7. CÓDIGOS DE DARF A SEREM UTILIZADOS NO RECOLHIMENTO DAS CONTRIBUIÇÕES............................. 61

8. EXEMPLO DE CÁLCULO DAS CONTRIBUIÇÕES CUMULATIVAS (PIS E COFINS) 62

9. EMPRESA COM FILIAIS – APURAÇÃO E PAGAMENTO CENTRALIZADO 63

65 CAPÍTULO 4
REGIME NÃO CUMULATIVO

1. CONTRIBUINTES SUJEITOS AO REGIME NÃO CUMULATIVO.. 65

2. CONTRIBUINTES E RECEITAS EXCLUÍDOS DO REGIME NÃO CUMULATIVO.. 66

3. OPERAÇÕES NÃO SUJEITAS À INCIDÊNCIA DAS CONTRIBUIÇÕES.. 67

4. BASE DE CÁLCULO 70

5. ALÍQUOTAS DAS CONTRIBUIÇÕES 88

6. DEDUÇÕES DE CRÉDITOS.................................. 90

7. ARRENDAMENTO MERCANTIL 202

8. CONTRATOS DE CONCESSÃO DE SERVIÇOS PÚBLICOS... 204

9. EXEMPLO DE APURAÇÃO DO VALOR A PAGAR 206

10. CÓDIGOS DE DARF A SEREM UTILIZADOS NO RECOLHIMENTO DAS CONTRIBUIÇÕES............................. 207

11. PRAZO PARA PAGAMENTO 207

209 CAPÍTULO 5
PIS E COFINS SOBRE IMPORTAÇÃO

1. CONTRIBUINTES 209

2. OPERAÇÕES SUJEITAS À INCIDÊNCIA DAS CONTRIBUIÇÕES... 211

3. MOMENTO DA OCORRÊNCIA DO FATO GERADOR... 212

4. MOMENTO NO QUAL DEVEM SER CALCULADAS AS CONTRIBUIÇÕES 213

5. OPERAÇÕES SOBRE AS QUAIS NÃO INCIDEM AS CONTRIBUIÇÕES 214

6. OPERAÇÕES ISENTAS DAS CONTRIBUIÇÕES 215

7. BASE DE CÁLCULO 220

8. ALÍQUOTAS 222

9. OPERAÇÕES ISENTAS 231

10. PRAZO PARA RECOLHIMENTO E CÓDIGOS DE DARF 233

11. CRÉDITOS – POSSIBILIDADE DE APROVEITAMENTO ... 234

12. REGIMES ADUANEIROS ESPECIAIS 239

13. SUSPENSÃO 240

245 CAPÍTULO 6
REGIMES ESPECIAIS

1. QUEM ESTÁ SUJEITO AOS REGIMES ESPECIAIS 245

2. DIVISÃO DOS REGIMES ESPECIAIS 246

3. BASE DE CÁLCULO E ALÍQUOTAS DIFERENCIADAS ... 246

4. BASE DE CÁLCULO DIFERENCIADA 248

5. SUBSTITUIÇÃO TRIBUTÁRIA (NÃO ALCANÇADA PELA INCIDÊNCIA NÃO CUMULATIVA) 250

251 CAPÍTULO 7
SOCIEDADES COOPERATIVAS

1. CONTRIBUINTES 251

2. VENDAS DE PRODUTOS ENTREGUES PARA COMERCIALIZAÇÃO 252

3. FATO GERADOR 254

4. ALÍQUOTAS 254

5. BASE DE CÁLCULO 257

6. EXCLUSÕES E DEDUÇÕES DA BASE DE CÁLCULO DAS COOPERATIVAS EM GERAL.. 260

7. CONTRIBUIÇÃO PARA O PIS-IMPORTAÇÃO E PARA A COFINS-IMPORTAÇÃO.. 270

8. APROVEITAMENTO DE CRÉDITOS.. 272

9. CONTRIBUIÇÃO PARA O PIS INCIDENTE SOBRE A FOLHA DE SALÁRIOS.. 277

10. HIPÓTESES DE SUSPENSÃO, NÃO INCIDÊNCIA E DA ISENÇÃO... 278

11. PRAZO DE PAGAMENTO.. 282

12. PRODUTOS EXPORTADOS 283

285 CAPÍTULO 8
RETENÇÃO NA FONTE DAS CONTRIBUIÇÕES COFINS, PIS E CSLL

1. RETENÇÃO NA FONTE... 285

2. PERCENTUAL A SER DESCONTADO... 289

3. RETENÇÃO DAS CONTRIBUIÇÕES TOTAIS OU PARCIAIS... 289

4. PRAZO DE RECOLHIMENTO DO IMPOSTO E DAS CONTRIBUIÇÕES SOCIAIS 290

5. CASOS EM QUE NÃO SE APLICA A RETENÇÃO.............. 290

6. EMPRESA OPTANTE PELO SIMPLES... 291

7. RETENÇÃO POR ENTIDADES DA ADMINISTRAÇÃO PÚBLICA FEDERAL 293

8. TRATAMENTO DAS CONTRIBUIÇÕES RETIDAS PELA PRESTADORA DOS SERVIÇOS.. 294

9. SUSPENSÃO DA EXIGIBILIDADE DO CRÉDITO TRIBUTÁRIO 294

10. PRESTAÇÃO DE SERVIÇOS – PAGAMENTOS EFETUADOS COM CARTÃO DE CRÉDITO.................................. 295

11. DOCUMENTOS DE COBRANÇA QUE CONTENHAM CÓDIGO DE BARRAS.. 295

12. FORNECIMENTO DO COMPROVANTE ANUAL DA RETENÇÃO..296

13. PREENCHIMENTO DA DIRF...297

299 **CAPÍTULO 9**
CONTABILIZAÇÃO

1. COFINS E PIS CUMULATIVOS...299

2. COFINS E PIS NÃO CUMULATIVOS......................................300

311 **CAPÍTULO 10**
PIS E COFINS – ESCRITURAÇÃO FISCAL DIGITAL

333 **CAPÍTULO 11**
COMPENSAÇÃO DE CRÉDITOS DE PIS E COFINS RELATIVOS À EXCLUSÃO DO ICMS DA BASE DE CÁLCULO – ROTEIRO PRÁTICO

1. ASPECTOS GERAIS...333

2. EFD CONTRIBUIÇÕES ORIGINAL ENTREGUE DE FORMA ANALÍTICA...335

3. EFD CONTRIBUIÇÕES ORIGINAL ENTREGUE DE FORMA SINTÉTICA...338

4. EXEMPLO DE RETIFICAÇÃO DA EFD CONTRIBUIÇÕES, DCTF E ELABORAÇÃO DA PER/DCOMP...339

CAPÍTULO 1

A QUESTÃO DA EXCLUSÃO DO ICMS NA BASE DE CÁLCULO DAS CONTRIBUIÇÕES – ESCLARECIMENTOS INICIAIS

1. "ORIGEM DO PROBLEMA"

Como amplamente divulgado pela imprensa, em março de 2017 o Supremo Tribunal Federal julgou que o ICMS, por não se enquadrar no conceito de faturamento, não deveria compor a base de cálculo do PIS e da COFINS.

Na prática, a matéria foi pacificada pelo Supremo Tribunal Federal no julgamento do RE nº 574706, o qual, por maioria e nos termos do voto da Relatora, ao apreciar o tema 69 da repercussão geral, deu provimento ao recurso extraordinário e fixou a seguinte tese: "O ICMS não compõe a base de cálculo para a incidência do PIS e da COFINS".

O que ocorre é que, com a decisão do STF, muitas empresas passaram a entender que o PIS e a COFINS já poderiam ser calculadas sem o valor do ICMS. No entanto, é preciso fazer algumas ponderações, pois essa não é a posição do Fisco.

À época da decisão, a RFB defendia que, em razão da ausência definitiva do mérito, o ICMS devido pela pessoa jurídica na condição de contribuinte do imposto (em virtude de operações ou prestações próprias) compõe o seu faturamento, não havendo previsão legal que possibilite a sua exclusão da base de cálculo cumulativa das Contribuições para o PIS e COFINS devidas nas operações realizadas no mercado interno.

Segundo o órgão, inexiste ato declaratório da Procuradora Geral da Fazenda Nacional que trate sobre a exclusão do ICMS da base de cálculo das contribuições para o PIS e COFINS incidentes nas operações internas.

Em linhas gerais, o que a RFB argumenta é que o direito de se reconhecer a exclusão depende de uma **Súmula Vinculante**. Naturalmente, se sumulado com efeito vinculante, o Judiciário e a RFB ficarão obrigados a seguir o novo entendimento sobre a Exclusão do ICMS da Base de Cálculo da COFINS, o que ainda não aconteceu.

Portanto, em princípio, o entendimento é que as empresas ainda não podem reduzir da base de cálculo do PIS e da COFINS, o Imposto Estadual. Tampouco podem compensar valores anteriormente recolhidos a maior por conta da inclusão do ICMS na referida base de cálculo.

A exceção que muitos doutrinadores fazem diz respeito aos contribuintes que já entraram com ação. Neste caso, um segmento significativo de formadores de opinião entende que, amparado por decisão judicial, o contribuinte pode abater da receita bruta, para fins de determinação da base de cálculo do PIS e da COFINS, o ICMS embutido na receita bruta.

Desde o julgamento pelo STF, lá em 2017, muito se falou e se escreveu sobre o tema. Essa obra, em edições anteriores, exaustivamente tratou e exemplificou o tema.

Ocorre que agora, com a edição da IN 2.121/2022, aparentemente houve "aceitação" por parte do Fisco da decisão tomada pelo STF. Mas essa aceitação foi só aparente, conforme veremos adiante.

Resumidamente, os dois pontos nevrálgicos oriundos da decisão do STF são:

1. Exclusão do ICMS da base de cálculo do PIS e da COFINS devidos; e

2. Inclusão ou não do ICMS na determinação da base de cálculo do crédito.

Em relação às problemáticas relacionadas em 1 e 2 acima, a IN 2.121/22 originalmente assim se pronunciava:

> "Art. 26. Para fins de determinação da Contribuição para o PIS e da Cofins, a base de cálculo a que se refere o art. 25, são excluídos os valores referentes a: (...)
>
> XII - ICMS destacado no documento fiscal."
>
> ...
>
> Art. 171. No cálculo do crédito de que trata esta Seção, poderão ser incluídos: (...)
>
> ...
>
> II - o ICMS incidente na venda pelo fornecedor, ressalvado aquele referido no inciso I do art. 170 (ST);
>
> ..."

Portanto, como se observa, a Receita Federal do Brasil, ao editar a IN 2.121/2022, num primeiro momento trouxe tranquilidade aos contribuintes.

No entanto, a alegria do contribuinte durou pouco. Isto porque em relação ao cálculo do crédito, a Medida Provisória 1.159/2023 (DOU 12/01/2023), **convertida na Lei nº 14.592/2023 – DOU 1 de 30.05.2023**, veio mudar as "regras do jogo", determinando, taxativamente que **não dá direito a crédito em relação ao PIS e a Cofins, o valor do ICMS que tenha incidido sobre a operação de aquisição.** Portanto, devendo ser expurgado, do valor das compras o valor do ICMS incidente na operação, o que naturalmente reduzirá o valor do crédito a ser aproveitado na determinação da base de cálculo das referidas contribuições, **em se tratando de empresas sujeitas ao regime não cumulativo.**

Na prática, o Fisco veio equalizar a apuração do crédito das contribuições para o PIS e Cofins na mesma medida da apuração dos débitos, ou seja, como não há incidência das contribuições sobre o valor do ICMS nas saídas (vendas), também deixa de existir o benefício da inclusão do ICMS da base de cálculo das contribuições em relação às entradas (compras).

Aqui cabe uma breve observação: Há quem entenda que essa alteração promovida pela MP nº 1.159/2023, já convertida em Lei (Lei nº 14.592/2023 – DOU 1 de 30.05.2023), pode ser contestada judicialmente, já que sua constitucionalidade tem sido questionada. Isso fica evidente ao analisarmos que o valor do ICMS sempre fará parte do custo de aquisição, isto porque o ICMS é um imposto "por dentro".

Nota-se ainda, que a Lei 14.592/2023 entrou em vigor a partir de 01.05.2023, devendo o expurgo do ICMS do valor das compras na determinação da base de cálculo dos créditos da contribuição para o PIS e para a Cofins ser aplicado já a partir desta data. **Deste modo, em relação a períodos anteriores a maio/2023, o contribuinte pode manter o ICMS sobre o valor de suas compras na apuração de seus créditos.**

2. COMO FICAM AS CONTRIBUIÇÕES NA PRÁTICA?

Em relação aos fatos geradores ocorridos até 30.04.2023

De acordo com a legislação atual e a Decisão do STF, basta excluir o ICMS próprio (das vendas) destacado na nota fiscal de venda, da base de cálculo do PIS e da Cofins.

E como fica o ICMS incidente sobre as entradas?

Nada se faz, ou seja, **não se exclui o ICMS na apuração do crédito**, o que propiciará um menor valor a recolher a título de PIS e Cofins.

Em relação aos fatos geradores ocorridos a partir de 01.05.2023

De acordo com a legislação atual e a Decisão do STF, basta excluir o ICMS próprio (das vendas) destacado na nota fiscal de venda, da base de cálculo do PIS e da Cofins.

E como fica o ICMS incidente sobre as entradas?

O ICMS deve ser excluído na apuração do crédito, resultando em contribuições majoradas, se comparadas com a metodologia de cálculo vigentes até 30.04.2023.

2.1 Exemplos práticos

Resumidamente, temos as seguintes situações:

I. Empresa sujeita ao regime não cumulativo (fatos geradores ocorridos até 30.04.2023) (tributada com base no lucro real): recolhe as contribuições excluindo da base de cálculo das contribuições do PIS e da COFINS o ICMS devido nas saídas, sem excluir aquele incidente nas entradas.

Exemplo.

- Empresa com faturamento de R$ 100.000,00
- O faturamento resulta da venda do estoque total adquirido por R$ 70.000,00
- ICMS incidente na compra e na venda corresponde a 18%

Determinação da base de cálculo das contribuições:
PIS/COFINS
R$ 100.000,00 – R$ 18.000,00 = R$ 82.000,00

Determinação das contribuições devidas:
PIS devido
R$ 82.000,00 x 1,65% = R$ 1.353,00

COFINS devida

R$ 82.000,00 x 7,6% = R$ 6.232,00

Apuração dos créditos:

PIS

R$ 70.000,00 X 1,65% = R$ 1.155,00

COFINS

R$ 70.000,00 X 7,6% = R$ 5.320,00

Apuração do valor a recolher

PIS

Débito =	R$ 1.353,00
Crédito =	R$ 1.155,00
Valor a pagar	**R$ 198,00**

COFINS

Débito =	R$ 6.232,00
Crédito =	R$ 5.320,00
Valor a pagar	**R$ 912,00**

II. Empresa sujeita ao regime não cumulativo (fatos geradores ocorridos a partir de 01.05.2023)(tributada com base no lucro real): recolhe as contribuições excluindo da base de cálculo das contribuições do PIS e da COFINS o ICMS devido nas saídas, e exclui o ICMS incidente nas entradas.

Exemplo.

- Empresa com faturamento de R$ 100.000,00
- O faturamento resulta da venda do estoque total adquirido por R$ 70.000,00
- ICMS incidente na compra e na venda corresponde a 18%

Determinação da base de cálculo das contribuições:

PIS/COFINS

R$ 100.000,00 – R$ 18.000,00 = R$ 82.000,00

Determinação das contribuições devidas:

PIS devido

R$ 82.000,00 x 1,65% = R$ 1.353,00

COFINS devida

R$ 82.000,00 x 7,6% = R$ 6.232,00

Apuração dos créditos:

PIS

R$ 70.000,00 – (R$ 70.000,00 x 18%)

R$ 57.400,00 X 1,65% = R$ 947,10

COFINS

R$ 57.400,00 X 7,6% = R$ 4.362,40

Apuração do valor a recolher

PIS

Débito =	R$ 1.353,00
Crédito =	R$ 947,70
Valor a pagar	**R$ 405,30**

COFINS

Débito =	R$ 6.232,00
Crédito =	R$ 4.362,40
Valor a pagar	**R$ 1.869,60**

III.   Empresa sujeita ao regime cumulativo (tributada com base no lucro presumido): recolhe as contribuições observando a legislação vigente e a decisão do STF (excluindo da base de cálculo o ICMS).). Veja que no regime cumulativo não há que se falar em aproveitamento de crédito

Exemplo: Empresa com faturamento de R$ 100.000,00 e ICMS sobre a venda de 18%

Determinação da base de cálculo das contribuições:

PIS/COFINS
R$ 100.000,00 – R$ 18.000,00 = R$ 82.000,00
Determinação das contribuições devidas:

PIS devido
R$ 82.000,00 x 0,65% = R$ 533,00

COFINS devida
R$ 82.000,00 x 3,0% = R$ 2.460,00

CAPÍTULO 2
IMUNIDADES, ISENÇÕES E NÃO INCIDÊNCIA

1. REGRAS APLICÁVEIS AO PIS E À COFINS

1.1 Não incidência

De acordo com a IN 2.121/2022, a contribuição para o PIS e a COFINS não incidem sobre as receitas:

I.   De exportação de mercadorias para o exterior;

II.   De serviços prestados a pessoa física ou jurídica residente ou domiciliada no exterior, cujo pagamento represente ingresso de divisas (a não incidência independe do efetivo ingresso de divisas, na hipótese de a pessoa jurídica manter os recursos no exterior na forma prevista no art. 1º da Lei nº 11.371, de 28 de novembro de 2006;

III.   De venda a Empresa Comercial Exportadora com o fim específico de exportação (os procedimentos inerentes à não incidência da Contribuição para o PIS e da COFINS estão disciplinados na Instrução Normativa RFB nº 1.152, de 10 de maio de 2011);

IV. De venda de querosene de aviação a distribuidora, efetuada por importador ou produtor, quando o produto for destinado a consumo por aeronave em tráfego internacional;

V. De venda de querosene de aviação, quando auferidas por pessoa jurídica não enquadrada na condição de importadora ou produtora;

VI. De venda de biodiesel, quando auferidas por pessoa jurídica não enquadrada na condição de importadora ou produtora;

VII. De venda de materiais e equipamentos, bem como da prestação de serviços decorrentes dessas operações, efetuadas diretamente a Itaipu Binacional.

Notas:

1º. Não se considera como operação de exportação, para fins do referido em I e II do acima, o envio de mercadorias e a prestação de serviços a empresas estabelecidas na Amazônia Ocidental ou em ALC.

2º. Consideram-se adquiridos com o fim específico de exportação os produtos remetidos diretamente do estabelecimento industrial para embarque de exportação ou para recintos alfandegados, por conta e ordem da empresa comercial exportadora.

> 3º. As hipóteses referidas em I a III acima não alcançam as receitas de vendas efetuadas a estabelecimento industrial, para industrialização de produtos destinados à exportação, ao amparo do art. 3º da Lei nº 8.402, de 8 de janeiro de 1992.
>
> 4º. As regras referidas em IV a VI acima aplicam-se, também às pessoas jurídicas que realizem operações de importação ou de industrialização exclusivamente na hipótese de revenda de produtos adquiridos de outras pessoas jurídicas.

1.2 Isenção

A IN 2.121/2022 também estabelece que são isentas da Contribuição para o PIS e da COFINS as receitas:

I. Dos recursos recebidos pelas empresas públicas e sociedades de economia mista, a título de repasse, oriundos do Orçamento Geral da União, dos Estados, do Distrito Federal e dos Municípios;

II. Auferidas pelos estaleiros navais brasileiros nas atividades de construção, conservação, modernização, conversão e reparo de embarcações pré-registradas ou registradas no Registro Especial Brasileiro – REB, instituído pela Lei nº 9.432, de 8 de janeiro de 1997;

III. Decorrentes do fornecimento de mercadorias ou serviços para uso ou consumo de bordo em embarcações e aeronaves em tráfego internacional, quando o pagamento representar ingresso de divisas;

IV. Auferidas pelo estabelecimento industrial ou equiparado decorrente da venda de produto nacional à loja franca de que trata a Portaria MF nº 112, de 10 de junho de 2008, com o fim específico de comercialização;

V.   Auferidas pelas pessoas jurídicas permissionárias de Lojas Francas decorrente da venda de mercadoria nacional ou estrangeira a passageiros de viagens internacionais, na saída do país, somente quando o pagamento da mercadoria represente ingresso de divisas;

VI.   Decorrentes do transporte internacional de cargas ou passageiros, quando contratado por pessoa física ou jurídica, residente ou domiciliada no País;

VII.   Decorrentes de frete de mercadorias transportadas entre o País e o exterior pelas embarcações registradas no REB, de que trata o art. 11 da Lei nº 9.432, de 1997;

VIII.   Decorrente de doações em espécie recebidas por instituições financeiras públicas controladas pela União e destinadas a ações de prevenção, monitoramento e combate ao desmatamento, inclusive programas de remuneração por serviços ambientais, e de promoção da conservação e do uso sustentável dos biomas brasileiros;

IX.   Decorrentes da venda de energia elétrica pela Itaipu Binacional; e

X.   Decorrentes da realização de atividades de ensino superior, proveniente de cursos de graduação ou cursos sequenciais de formação específica, pelas instituições privadas de ensino superior, com fins lucrativos ou sem fins lucrativos, que aderirem ao Programa Universidade para Todos (Prouni), no período de vigência do termo de adesão, nos termos da Instrução Normativa RFB nº 1.394, de 12 de setembro de 2013.

Notas:

1º. As isenções tratadas em VI e VII não alcançam as receitas decorrentes de transporte para pontos localizados na Amazônia Ocidental ou em ALC.

2º. As entidades beneficentes certificadas na forma da Lei nº 12.101, de 2009, e que atendam aos requisitos previstos no *caput* do art. 29 daquela Lei farão jus à isenção da Contribuição para o PIS e da COFINS sobre a totalidade de sua receita, sendo que:

• O direito à isenção da Contribuição para o PIS e da COFINS poderá ser exercido a partir da data de publicação da concessão da certificação da entidade;

• A isenção não se estende à entidade com personalidade jurídica própria constituída e mantida pela entidade à qual a isenção foi concedida.

---

2. REGRAS APLICÁVEIS SOMENTE À COFINS

São isentas da COFINS as receitas relativas às atividades próprias[1] das seguintes entidades (Medida Provisória nº 2.158-35/2001, artigo 14, X):

---

1   Consideram-se receitas derivadas das atividades próprias somente aquelas decorrentes de contribuições, doações, anuidades ou mensalidades fixadas por lei, assembleia ou estatuto, recebidas de associados ou mantenedores, sem caráter contraprestacional direto, destinadas ao seu custeio e ao desenvolvimento dos seus objetivos sociais (§ 2º do artigo 47 da IN SRF nº 247/2002).

a. Templos de qualquer culto;

b. Partidos políticos;

c. Instituições de educação e de assistência social que preencham as condições e requisitos do artigo 12 da Lei nº 9.532/1997;

d. Instituições de caráter filantrópico, recreativo, cultural, científico e as associações, que preencham as condições e requisitos do artigo 15 da Lei nº 9.532/1997;

e. Sindicatos, federações e confederações;

f. Serviços sociais autônomos, criados ou autorizados por lei;

g. Conselhos de fiscalização de profissões regulamentadas;

h. Fundações de direito privado;

i. Condomínios de proprietários de imóveis residenciais ou comerciais; e

j. Organização das Cooperativas Brasileiras (OCB) e Organizações Estaduais de Cooperativas previstas no artigo 105 e seu § 1º da Lei nº 5.764/1971.

É importante lembrar que se consideram receitas derivadas das atividades próprias somente aquelas decorrentes de contribuições, doações, anuidades ou mensalidades fixadas por lei, assembleia ou estatuto, recebidas de associados ou mantenedores, sem caráter contraprestacional direto, destinadas ao seu custeio e ao desenvolvimento dos seus objetivos sociais.

CAPÍTULO 2

3. SUSPENSÃO DA INCIDÊNCIA

3.1. Industrialização por encomenda de veículos – encomendante sediado no exterior

A incidência das contribuições para o PIS e para a COFINS fica suspensa no caso de venda à pessoa jurídica sediada no exterior, com contrato de entrega no território nacional, de insumos[2] destinados à industrialização, por conta e ordem da encomendante sediada no exterior, de máquinas e veículos classificados nas posições 87.01 a 87.05 da Tipi.

Na hipótese de os produtos resultantes da industrialização por encomenda serem destinados ao exterior, resolve-se a suspensão das referidas contribuições.

Se os produtos forem destinados ao mercado interno, serão remetidos obrigatoriamente à empresa comercial atacadista adquirente dos produtos resultantes da industrialização por encomenda[3] por conta e ordem da pessoa jurídica domiciliada no exterior, com suspensão das contribuições para o PIS e para a COFINS.

A utilização do benefício da suspensão referido acima fica condicionada à concessão, pela Receita Federal do Brasil, do regime aduaneiro especial (§ 6º do artigo 17 da Medida Provisória nº 2.189-49/2001; e Lei nº 10.865/2004, artigo 38).

---

2   Consideram-se insumos, os chassis, as carroçarias, as peças, as partes, os componentes e os acessórios.

3   Essas empresas equiparam-se a estabelecimento industrial (§ 6º do artigo 17 da Medida Provisória nº 2.189-49/2001).

3.2. Suspensão da contribuição nas vendas à pessoa jurídica preponderantemente exportadora

A incidência das contribuições para o PIS e para a COFINS ficará suspensa no caso de venda de matérias-primas, produtos intermediários e materiais de embalagem destinados à pessoa jurídica preponderantemente exportadora.

Considera-se pessoa jurídica preponderantemente exportadora aquela cuja receita bruta decorrente de exportação para o exterior, no ano-calendário imediatamente anterior ao da aquisição, houver sido igual ou superior a 50% (cinquenta por cento) de sua receita bruta total de venda de bens e serviços no mesmo período, após excluídos os impostos e contribuições incidentes sobre a venda.

Nas notas fiscais relativas às vendas com suspensão, deverá constar a expressão "Saída com suspensão da contribuição para o PIS e da COFINS", com a especificação do dispositivo legal correspondente.

A suspensão das contribuições não impede a manutenção e a utilização dos créditos pelo respectivo estabelecimento industrial, fabricante das referidas matérias-primas, produtos intermediários e materiais de embalagem.

A pessoa jurídica que, depois de adquirir matérias-primas, produtos intermediários e materiais de embalagem com o benefício da suspensão para a pessoa jurídica preponderantemente exportadora, lhes der destinação diversa de exportação, fica obrigada a recolher as contribuições não pagas pelo fornecedor, acrescidas de juros e multa de mora, ou de ofício, conforme o caso, contados a partir da data da aquisição.

A empresa adquirente deverá atender aos termos e às condições estabelecidas na IN SRF 2.121/2022 e declarar ao vendedor, de forma expressa e sob as penas da lei, que atende a todos os requisitos estabelecidos, bem assim o número do Ato Declaratório Executivo (ADE) que habilita a empresa a operar o regime. (Lei nº 10.865/2004, artigo 40, com a redação dada pela Lei nº 12.715/2019).

3.3. Café, cereais, soja e cacau "in natura"

A incidência das contribuições para o PIS e para a COFINS fica suspensa na hipótese de venda para a pessoa jurídica tributada com base no lucro real:

a. Dos produtos *"in natura"* de origem vegetal, classificados nas posições 09.01, 10.01 a 10.08, exceto os dos códigos 1006.20 e 1006.30, 12.01 e 18.01, todos da NCM, efetuada pelos cerealistas que exerçam cumulativamente as atividades de secar, limpar, padronizar, armazenar e comercializar os referidos produtos;

b. De leite *in natura*, quando efetuada por pessoa jurídica que exerça, cumulativamente, as atividades de transporte, resfriamento e venda a granel; e

c. Efetuada por pessoa jurídica que exerça atividade agropecuária ou por cooperativa de produção agropecuária, de insumos destinados à produção de mercadorias de origem animal ou vegetal, classificadas nos Capítulos 2, 3, exceto os produtos vivos desse capítulo, e 4, 8 a 12, 15, 16 e 23, e nos códigos 03.02, 03.03, 03.04, 03.05, 0504.00, 0701.90.00, 0702.00.00, 0706.10.00, 07.08, 0709.90, 07.10, 07.12

a 07.14, exceto os códigos 0713.33.19, 0713.33.29 e 0713.33.99, 1701.11.00, 1701.99.00, 1702.90.00, 18.01, 18.03, 1804.00.00, 1805.00.00, 20.09, 2101.11.10 e 2209.00.00, todos da NCM, destinadas à alimentação humana ou animal.

Essa suspensão não se aplica no caso de vendas efetuadas por pessoas jurídicas que exerçam as atividades de padronizar, beneficiar, preparar e misturar tipos de café para definição de aroma e sabor (*blend*) ou separar por densidade dos grãos, com redução dos tipos determinados pela classificação oficial. (Lei nº 10.925, de 2004, artigo 9º; e Lei nº 11.051, de 2004, artigo 29)

3.4. Bens e serviços destinados aos beneficiários do Repes

As pessoas jurídicas beneficiárias do Repes (Regime Especial de Tributação para a Plataforma de Exportação de Serviços de Tecnologia da Informação) podem adquirir com suspensão das contribuições para o PIS/ PASEP e para a COFINS bens e serviços destinados ao desenvolvimento de *software* e de serviços de tecnologia da informação. (Lei nº 11.196, de 2005, artigos 1º a 11)

3.5. Máquinas e outros bens destinados aos beneficiários do Recap

As pessoas jurídicas beneficiárias do Recap (Regime Especial de Aquisição de Bens de Capital para Empresas Exportadoras) podem adquirir, com suspensão das contribuições para o PIS e para a COFINS, máquinas, aparelhos, instrumentos e equipamentos para incorporação ao seu ativo imobilizado. (Lei nº 11.196, de 2005, artigos 12 a 16; e Decreto nº 5.789, de 25 de maio de 2006)

3.6. Venda de desperdícios, resíduos ou aparas

Fica suspensa a incidência das contribuições sociais na venda de desperdícios, resíduos ou aparas de que trata o artigo 47 da Lei nº 11.196, de 2005, para pessoa jurídica que apure o Imposto de Renda com base no lucro real. Essa suspensão não se aplica às vendas efetuadas por pessoa jurídica optante pelo Simples.

As aparas acima referidas são as de plástico, de papel ou cartão, de vidro, de ferro ou aço, de cobre, de níquel, de alumínio, de chumbo, de zinco e de estanho, classificadas respectivamente nas posições 39.15, 47.07, 70.01, 72.04, 74.04, 75.03, 76.02, 78.02, 79.02 e 80.02 da Tabela de Incidência do Imposto sobre Produtos Industrializados (Tipi), e demais desperdícios e resíduos metálicos do Capítulo 81 da Tipi. (Lei nº 11.196, de 2005, artigo 48)

3.7. Material de embalagem a ser utilizado em mercadoria a ser exportada

Está suspensa a exigência das contribuições para o PIS e para a COFINS incidentes sobre a receita auferida por fabricante na venda à empresa sediada no exterior para entrega em território nacional de material de embalagem a ser totalmente utilizado no acondicionamento de mercadoria destinada à exportação para o exterior. Esse benefício somente poderá ser usufruído depois de atendidos os termos e condições estabelecidos em regulamento do Poder Executivo. (Lei nº 11.196, de 2005, artigo 49)

3.8. Zona Franca de Manaus

A exigência das contribuições para o PIS – Importação e para a COFINS – Importação está suspensa na importação de matérias-primas, produtos intermediários e materiais de embalagem (e de bens a serem empregados na elaboração de matérias-primas, produtos intermediários e materiais de embalagem) destinados a emprego em processo de industrialização por estabelecimentos ali instalados, consoante projeto aprovado pelo Conselho de Administração da Superintendência da Zona Franca de Manaus (Suframa). Essa suspensão é convertida em alíquota zero quando os bens forem utilizados na finalidade que motivou a suspensão.

Essa suspensão também se aplica nas importações de máquinas, aparelhos, instrumentos e equipamentos, novos, relacionados em regulamento, para incorporação ao ativo imobilizado da pessoa jurídica importadora. (Lei nº 10.865, de 2004, artigos 14 e 14-A; Lei nº 11.051, de 2004, artigo 8º, e Lei nº 11.196, de 2005, artigo 50)

4. ISENÇÃO CONCEDIDA À INSTITUIÇÃO DE ENSINO SUPERIOR QUE ADERIR AO PROUNI

De acordo com o artigo 8º da Lei nº 11.096/2005, a instituição que aderir ao Prouni ficará isenta da Contribuição Social para Financiamento da Seguridade Social, e da Contribuição para o Programa de Integração Social, além do IEPJ e da CSLL.

A isenção do PIS e da COFINS recairá sobre a receita auferida decorrente da realização de atividades de ensino superior, proveniente de cursos de graduação ou cursos sequenciais de formação específica.

Nota-se que a isenção será calculada na proporção da ocupação efetiva das bolsas devidas.

CAPÍTULO 3
REGIME CUMULATIVO

1. CONTRIBUINTES SUJEITOS AO REGIME CUMULATIVO

Como regra, são contribuintes da COFINS e da contribuição para o PIS cumulativas sobre o faturamento as pessoas jurídicas de direito privado em geral, inclusive as pessoas a elas equiparadas pela legislação do Imposto de Renda, exceto:

a. Aquelas sujeitas à modalidade não cumulativa da contribuição;

b. As microempresas e as empresas de pequeno porte submetidas ao regime do Simples Nacional; e

c. Outras definidas em lei.

Relativamente à letra "a", as Leis nº 10.637/2002 e nº 10.833/2004 (instituidoras do regime não cumulativo) se encarregaram de estabelecer duas situações básicas que impõem ao contribuinte o regime da cumulatividade das contribuições. A primeira refere-se a certas características (forma de tributação adotada para o Imposto de Renda, ramo de atividade); a segunda, a receitas específicas auferidas.

Diante desse quadro, é possível um mesmo contribuinte estar sujeito ao regime não cumulativo, por ser tributado com base no lucro real, por exemplo, e, ao mesmo tempo, estar sujeito ao regime cumulativo em relação à determinada receita auferida.

2. CONTRIBUINTES EXPRESSAMENTE INCLUÍDOS NO REGIME CUMULATIVO

A legislação que rege o assunto (Leis nº 10.637/2002 e nº 10.833/2003) estabelece que ficam fora do regime não cumulativo, sujeitando-se ao regime cumulativo, entre outras:

a. As pessoas jurídicas tributadas pelo Imposto de Renda com base no lucro presumido ou arbitrado;

b. As sociedades cooperativas[4] (exceto as de produção agropecuária e as de consumo);

c. As pessoas jurídicas (entidades financeiras e assemelhadas) referidas no artigo 3º, §§ 6º, 8º e 9º, da Lei nº 9.718/1998[5];

---

4   Para fins de cálculo das contribuições devidas no regime cumulativo, as cooperativas observam as exclusões previstas na Lei nº 9.718/1998 e na Medida Provisória nº 2.158-35/2001. Ver detalhes no Capítulo 7.

5   Essas empresas são: bancos comerciais, bancos de investimento, bancos de desenvolvimento, caixas econômicas, sociedades de crédito, financiamento e investimento, sociedades de crédito imobiliário, sociedades corretoras, distribuidoras de títulos e valores mobiliários, empresas de arrendamento mercantil e cooperativas de crédito, empresas de seguros privados, entidades de previdência privada, abertas e fechadas, empresas de capitalização, pessoas jurídicas que tenham por objeto a securitização de créditos imobiliários e financeiros e as operadoras de planos de assistência à saúde.

CAPÍTULO 3

d. Empresas particulares que exploram serviços de vigilância e de transporte de valores, referidas na Lei nº 7.102/1983[6].

3. RECEITAS SUJEITAS AO REGIME CUMULATIVO

As Leis nº 10.637/2002 e nº 10.833/2004, além de estabelecerem que as pessoas jurídicas tributadas com base no lucro presumido, entre outras, estariam sujeitas ao regime cumulativo das contribuições para o PIS e para a COFINS, elegeram algumas receitas que também estariam fora do regime não cumulativo. Portanto, de acordo com as referidas leis, ficam sujeitas ao regime cumulativo, entre outras, as receitas decorrentes de:

I. Venda de veículos usados, adquiridos para revenda, bem como dos recebidos como parte do preço da venda de veículos novos ou usados, no caso de pessoas jurídicas que tenham como objeto social, declarado em seus atos constitutivos, a compra e venda de veículos automotores;

II. Prestação de serviços de telecomunicações;

III. Venda de jornais e periódicos e de prestação de serviços das empresas jornalísticas e de radiodifusão sonora e de sons e imagens;

IV. Contratos firmados anteriormente a 31.10.2003 (ver subitem 3.2, adiante);

---

6 A referida lei dispõe sobre a segurança em estabelecimentos financeiros e estabelece normas para constituição e funcionamento dessas empresas.

V. Prestação de serviços de transporte coletivo rodoviário, metroviário, ferroviário e aquaviário de passageiros;

VI. Serviços prestados por hospital, pronto-socorro, clínica médica, odontológica, de fisioterapia e de fonoaudiologia e laboratório de anatomia patológica, citológica ou de análises clínicas;

VII. Serviços de diálise, raio X, radiodiagnóstico e radioterapia, quimioterapia e de banco de sangue;

VIII. Serviços e de prestação de serviços de educação infantil, ensinos fundamental e médio e educação superior;

IX. Vendas de mercadorias realizadas pelas lojas francas em aeroportos e portos para venda de mercadoria nacional ou estrangeira a passageiros de viagens internacionais, na chegada ou saída do País ou em trânsito (artigo 15 do Decreto-Lei nº 1.455/1976, com a redação dada pela Lei nº 11.371/2006);

X. Prestação de serviço de transporte coletivo de passageiros, efetuado por empresas regulares de linhas aéreas domésticas, e as decorrentes da prestação de serviço de transporte de pessoas por empresas de táxi-aéreo;

XI. Edição de periódicos e de informações neles contidas, que sejam relativas aos assinantes dos serviços públicos de telefonia;

XII. Prestação de serviços com aeronaves de uso agrícola inscritas no Registro Aeronáutico Brasileiro (RAB);

XIII. Prestação de serviços das empresas de call center, telemarketing, telecobrança e de teleatendimento em geral;

XIV. Execução, por administração, empreitada ou subempreitada, de obras de construção civil (Lei nº 13.043, de 2014);

XV. Serviços de hotelaria e de organização de feiras e eventos e as auferidas por parques temáticos, conforme definido (ver subitem 3.1, adiante);

XVI. Prestação de serviços postais e telegráficos prestados pela Empresa Brasileira de Correios e Telégrafos (artigo 5º da Lei nº 10.925/2004);

XVII. Prestação de serviços públicos de concessionárias operadoras de rodovias (artigo 5º da Lei nº 10.925/2004);

XVIII. Prestação de serviços das agências de viagem e de viagens e turismo (artigo 5º da Lei nº 10.925/2004);

XIX. Receitas auferidas por empresas de serviços de informática, decorrentes das atividades de desenvolvimento de *software* e o seu licenciamento ou cessão de direito de uso, bem como de análise, programação, instalação, configuração, assessoria, consultoria, suporte técnico e manutenção ou atualização de *software*, compreendidas ainda como *softwares* as páginas eletrônicas. Não estão compreendidas nessas receitas aquelas provenientes de comercialização, licenciamento ou cessão de direito de uso de *software* importado (artigos 25 e 34, inciso III, da Lei nº 11.051/2004);

XX.   As receitas relativas às atividades de revenda de imóveis, desmembramento ou loteamento de terrenos, incorporação imobiliária e construção de prédio destinado à venda, quando decorrentes de contratos de longo prazo firmados antes de 31.10.2003 (inciso XXVI da Lei nº 10.833/2003). (Ver subitem 3.2, adiante)

É importante lembrar que o regime cumulativo aqui abordado, vinculado à receita auferida, aplica-se, inclusive, à pessoa jurídica tributada com base no lucro real que, como tratado no Capítulo 4 deste livro (item 2), se sujeita ao regime não cumulativo. Caso a pessoa jurídica seja tributada com base no lucro real e aufira qualquer das receitas anteriormente listadas concomitantemente com receitas sujeitas ao regime não cumulativo, a contribuição cumulativa e a contribuição não cumulativa recairão sobre as respectivas receitas.

3.1. Receitas decorrentes da exploração de parques temáticos e da prestação de serviços de hotelaria e de organização de feiras e eventos

Conforme vimos no tópico "XV" do item 3 anterior, as receitas auferidas por pessoa jurídica, decorrentes da exploração de parques temáticos, da prestação de serviços de hotelaria ou de organização de feiras e eventos, estão sujeitas ao regime de incidência cumulativa da contribuição para o PIS e da COFINS.

Sobre o assunto, a Portaria Interministerial (Fazenda e Turismo) nº 33/2005 veio estabelecer que se considera:

a. Exploração de parque temático, os serviços de entretenimento, lazer e diversão, com atividade turística, mediante cobrança de ingresso dos visitantes, prestados em local fixo e permanente e ambientados tematicamente;

b. Serviço de hotelaria, a oferta de alojamento temporário para hóspedes, por meio de contrato tácito ou expresso de hospedagem, mediante cobrança de diária pela ocupação de unidade habitacional com as características definidas pelo Ministério do Turismo;

c. Serviço de organização de feiras e eventos, o planejamento, a promoção e a realização de feiras, congressos, convenções, seminários e atividades congêneres, em eventos, que tenham por finalidade:

   c1. A exposição, de natureza comercial ou industrial, de bens ou serviços destinados a promover e fomentar o intercâmbio entre produtores e consumidores, em nível regional, nacional ou internacional;

   c2. A divulgação ou o intercâmbio de experiências e técnicas pertinentes à determinada atividade profissional, empresarial ou área de conhecimento;

   c3. O congraçamento profissional e social dos participantes;

   c4. O aperfeiçoamento cultural, científico, técnico ou educacional dos participantes.

> **Nota-se que:**
>
> - as receitas decorrentes da prestação de qualquer serviço que não esteja relacionado nas letras anteriores não estão abrangidas pelo regime de incidência cumulativa da contribuição para o PIS e da COFINS;
>
> - a sujeição ao regime cumulativo das empresas referidas no subitem 3.1 somente se aplica às pessoas jurídicas previamente cadastradas no Ministério do Turismo.

3.2. Contratos firmados anteriormente a 31.10.2003 – Adoção do regime cumulativo

Permanecem tributadas no regime de cumulatividade, ainda que a pessoa jurídica esteja sujeita à incidência não cumulativa das contribuições para o PIS e para a COFINS, as receitas relativas a contratos firmados anteriormente a 31.10.2003:

a. Com prazo superior a 1 (um) ano, de administradoras de planos de consórcios de bens móveis e imóveis, regularmente autorizadas a funcionar pelo Banco Central do Brasil;

b. Com prazo superior a 1 (um) ano, de construção por empreitada ou de fornecimento, a preço predeterminado, de bens ou serviços[7];

c. De construção por empreitada ou de fornecimento, a preço predeterminado, de bens ou serviços contratados com pessoa jurídica de direito público, empresa

---

7   Preço predeterminado é aquele fixado em moeda nacional como remuneração da totalidade do objeto do contrato ou, ainda, aquele fixado em moeda nacional por unidade de produto ou por período de execução – IN SRF nº 468/2004.

pública, sociedade de economia mista ou suas subsidiárias, bem assim os contratos posteriormente firmados decorrentes de propostas apresentadas em processo licitatório até aquela data[8]; e

d. Com prazo superior a 1 (um) ano, de revenda de imóveis, desmembramento ou loteamento de terrenos, incorporação imobiliária e construção de prédio destinado à venda. A tributação com base no regime cumulativo aplica-se:

dl. Em relação às letras "a" a "c", desde 1º.02.2004;

d2. Em relação à letra "d", desde 1º.07.2005.

Importa observar que na hipótese pactuada, a qualquer título, a prorrogação do contrato, as receitas auferidas depois de vencido o prazo contratual vigente em 31 de outubro de 2003 sujeitar-se-ão à incidência não cumulativa das contribuições. Deste modo, nessa hipótese, deverão ser observadas as regras próprias aplicáveis ao regime não cumulativo tratado no Capítulo 4 deste livro.

4. BASE DE CÁLCULO

4.1. Aspectos introdutórios

De acordo com o artigo 2º da Lei nº 9.718/1998, as contribuições para o PIS e a COFINS, no regime cumulativo,

---

8   Originalmente, essas empresas estavam sujeitas ao regime não cumulativo da contribuição. O "retorno" ao regime cumulativo da COFINS e do PIS se deu a partir de 1º.07.2005, por meio da Lei nº 11.196/2005.

devidas pelas pessoas jurídicas de direito privado, são calculadas com base no seu faturamento.

Já no artigo 3º, a referida Lei estabelece que faturamento corresponde à receita bruta da pessoa jurídica.

De uma forma incisiva, a mesma Lei, no § 1º do artigo 3º, determinou que a base de cálculo das contribuições (COFINS e PIS) era a totalidade das receitas[9] auferidas pela pessoa jurídica (inclusive as variações monetárias ativas[10]), sendo irrelevante o tipo de atividade por ela exercida e a classificação contábil adotada para as receitas.

Portanto, o total das receitas compreendia a receita bruta da venda de bens e serviços nas operações em conta própria ou alheia[11] e todas as demais receitas auferidas pela pessoa jurídica, inclusive receitas financeiras.

Esse conceito de base de cálculo teve origem com a edição da Lei nº 9.718/1998 e vigorou no período de 02.02.1999 a 27.05.2009.

A partir de 28.05.2009, com a revogação do § 1º do artigo 3º da Lei nº 9.718/1998 pelo artigo 79, XII, da Lei nº 11.941/2009, as pessoas jurídicas sujeitas ao regime cumulativo determinam a base de cálculo das contribuições somente sobre a receita da atividade.

---

9   É considerada alienação qualquer forma de transmissão da propriedade, bem como a liquidação, o resgate e a cessão dos referidos títulos e valores mobiliários, instrumentos financeiros derivativos e itens objeto de hedge.

10   Desde 1º.01.2000, as receitas decorrentes das variações monetárias dos direitos de créditos e das obrigações, em função da taxa de câmbio, serão consideradas, para efeito da base de cálculo da contribuição, à opção da pessoa jurídica (artigo 30 da MP nº 2.158/2001 e reedições posteriores):
a) no momento da liquidação da operação correspondente (regime de caixa); ou
b) pelo regime de competência, aplicando-se a opção escolhida para todo o ano-calendário.

11   Entende-se por operações em conta alheia o ato de intermediação de negócios (exemplo: comissões auferidas na venda de bens ou serviços por conta de terceiros).

Referida revogação veio "reconhecer" a decisão do STF de 2005 que decidiu pela inconstitucionalidade do § 1º do artigo 3º da Lei nº 9.718/1998.

> **Nota:**
>
> Nas vendas a prazo, o custo do financiamento, contido no valor dos bens ou serviços ou destacado na nota fiscal, integra a receita bruta da venda de bens e serviços, não constituindo, portanto, receita financeira. (Solução de Consulta nº 91, de 26 de fevereiro de 2010)

Na determinação da base de cálculo das contribuições para o PIS e COFINS deve ser levada em consideração a decisão do Supremo Tribunal Federal em excluir o ICMS da base de cálculo do PIS e da COFINS e suas consequências.

Veja os detalhes no capítulo 1

4.2. Empresas tributadas com base no lucro presumido – Recebimento de preço a prazo ou em parcelas

Se a empresa for tributada pelo Imposto de Renda com base no lucro presumido, a receita proveniente de vendas de bens ou direitos ou de prestação de serviços, cujo preço seja recebido a prazo ou em parcelas, poderá ser computada na base de cálculo das contribuições somente no mês do efetivo recebimento, desde que a empresa adote o mesmo critério em relação ao Imposto de Renda e à Contribuição Social sobre o Lucro.

4.3. Empresa que se dedica à compra e venda de veículos automotores

A pessoa jurídica que tenha como objeto social, declarado em atos constitutivos, a compra e venda de veículos automotores deve observar regra própria para fins de determinação da base de cálculo do PIS e da COFINS nas operações de venda de veículos usados adquiridos para revenda, inclusive quando recebidos como parte de pagamento do preço de venda de veículos novos ou usados.

Neste caso, a base de cálculo corresponde à diferença entre o valor pelo qual o veículo usado tiver sido alienado, constante da nota fiscal de venda, e o seu custo de aquisição, constante da nota fiscal de entrada.

4.4. Recuperação de tributos pagos a maior ou indevidamente

Tem sido cada vez mais frequente a recuperação de tributos pagos a maior ou indevidamente pelas empresas. Tem-se questionado se esses valores compõem a base de cálculo do PIS e da COFINS. Sobre o assunto, a Receita Federal do Brasil, por meio da Solução de Consulta nº 369, de 19.10.2009, esclareceu que não há que se falar em incidência das contribuições para o PIS/COFINS sobre os valores recuperados a título de tributo pago a maior ou indevidamente, uma vez que tais valores, no período em que foram reconhecidos como despesas, não influenciaram a base tributável da contribuição.

Já o valor dos juros decorrentes do indébito tributário recuperado, por se tratar de receita nova, em princípio, comporia a base de cálculo dessa contribuição. No entanto, por conta da revogação do § 1º do art. 3º da Lei 9.718/98, pelo art. 79, XII, da Lei 11.941/2009, as "outras receitas" deixaram de compor a base de cálculo do PIS e COFINS, tratando-se de **regime cumulativo**. Isso se aplica, inclusive, às receitas financeiras.

4.5. Mercadorias recebidas em doação

De acordo com a Solução de Consulta nº 122, de 9 de maio de 2011, as receitas relativas ao recebimento de mercadorias em doação não integram a base de cálculo da contribuição do PIS apurada na sistemática cumulativa.

4.6. Arrendamento mercantil

De acordo com o artigo 277 da Instrução Normativa RFB nº 1.700/2017, a pessoa jurídica arrendadora deverá computar na apuração da base de cálculo da contribuição para o PIS e da COFINS, o valor da contraprestação de arrendamento mercantil, independentemente de, na operação, haver transferência substancial dos riscos e benefícios inerentes à propriedade do ativo.

5. EXCLUSÕES ADMITIDAS DA BASE DE CÁLCULO

A Lei nº 9.718/1998 estabelece que da base de cálculo das contribuições devidas na modalidade cumulativa, serão excluídos, entre outros:

I. As vendas canceladas, os descontos incondicionais concedidos, o Imposto sobre Produtos

Industrializados (IPI) e o Imposto sobre Operações relativas à Circulação de Mercadorias e sobre Prestações de Serviços de Transporte Interestadual e Intermunicipal e de Comunicação (ICMS), quando cobrado pelo vendedor dos bens ou prestador dos serviços na condição de substituto tributário;

II. As reversões de provisões e recuperações de créditos baixados como perda, que não representem ingresso de novas receitas, o resultado positivo da avaliação de investimentos pelo valor do patrimônio líquido e os lucros e dividendos derivados de investimentos avaliados pelo custo de aquisição, que tenham sido computados como receita;

III. A receita decorrente da venda de bens classificados no ativo não circulante que tenha sido computada como receita bruta;

IV. A receita decorrente da transferência onerosa a outros contribuintes do ICMS de créditos de ICMS originados de operações de exportação, conforme o disposto no inciso II do § 1º do artigo 25 da Lei Complementar nº 87, de 13 de setembro de 1996;

V. A receita reconhecida pela construção, recuperação, ampliação ou melhoramento da infraestrutura, cuja contrapartida seja ativo intangível representativo de direito de exploração, no caso de contratos de concessão de serviços públicos.

A legislação elenca, ainda, outras exclusões para casos específicos. São elas:

I. As receitas decorrentes dos recursos recebidos a título de repasse, oriundos do Orçamento Geral da União, dos Estados, do Distrito Federal e dos Municípios, pelas empresas públicas e sociedades de economia mista;

II. As receitas da exportação de mercadorias para o exterior;

III. As receitas dos serviços prestados à pessoa física ou jurídica residente ou domiciliada no exterior, cujo pagamento represente ingresso de divisas;

IV. As receitas do fornecimento de mercadorias ou serviços para uso ou consumo de bordo em embarcações e aeronaves em tráfego internacional, quando o pagamento for efetuado em moeda conversível;

V. As receitas do transporte internacional de cargas ou passageiros;

VI. As receitas auferidas pelos estaleiros navais brasileiros nas atividades de construção, conservação, modernização, conversão e reparo de embarcações pré-registradas no Registro Especial Brasileiro (REB);

VII. As receitas do frete de mercadorias importadas entre o País e o exterior pelas embarcações registradas no Registro Especial Brasileiro (REB);

VIII. As receitas de vendas realizadas pelo produtor-vendedor às empresas comerciais exportadoras nos termos do Decreto-Lei nº 1.248/1972 e alterações posteriores, desde que destinadas ao fim específico de exportação para o exterior;

IX.   As receitas de vendas, com o fim específico de exportação para o exterior, a empresas exportadoras, registradas na Secretaria de Comércio Exterior do Ministério do Desenvolvimento, Indústria e Comércio[12];

X.   As receitas próprias das seguintes entidades sem fins lucrativos:

X1.   Templos de qualquer culto;

X2.   Partidos políticos;

X3.   Instituições de educação e de assistência social imunes ao Imposto de Renda;

X4.   Instituições de caráter filantrópico, recreativo, cultural, científico e associações isentas do Imposto de Renda;

X5.   Sindicatos, federações e confederações;

X6.   Serviços sociais autônomos, criados ou autorizados por lei;

X7.   Conselhos de fiscalização de profissões regulamentadas;

---

12   Consideram-se adquiridos com o fim específico de exportação os produtos remetidos diretamente do estabelecimento industrial para embarque de exportação ou para recintos alfandegados, por conta e ordem da empresa comercial exportadora (§ 1º do artigo 45 do Decreto nº 4.524/2002).

CAPÍTULO 3

X8. Fundações de direito privado e fundações públicas instituídas ou mantidas pelo Poder Público;

X9. Condomínios de proprietários de imóveis residenciais ou comerciais; eOrganização das Cooperativas Brasileiras (OCB) e Organizações Estaduais de Cooperativas, previstas no artigo 105 e seu § 1º da Lei nº 5.764/1971;

X10. Organização das Cooperativas Brasileiras (OCB) e Organizações Estaduais de Cooperativas, previstas no artigo 105 e seu § 1º da Lei nº 5.764/1971;

XI. Nas sociedades cooperativas:

XI1. Os valores repassados aos associados, decorrentes da comercialização de produto por eles entregue à cooperativa;

XI2. As receitas de venda de bens e mercadorias a associados que sejam vinculados diretamente à atividade econômica desenvolvida pelo associado e que seja objeto da cooperativa;

XI3. As receitas decorrentes da prestação, aos associados, de serviços especializados, aplicáveis na atividade rural, relativos à assistência técnica, extensão rural, formação profissional e assemelhadas;

XI4. As receitas decorrentes do beneficiamento, armazenamento e industrialização de produção do associado;

XI5. As receitas financeiras decorrentes de repasse de empréstimos rurais contraídos com instituições financeiras, até o limite dos encargos a estas devidos;

XI6. As "Sobras líquidas" apuradas na Demonstração do Resultado do Exercício depois da destinação para constituição da Reserva de Assistência Técnica Educacional e Social (Rates) e para o Fundo de Assistência Técnica Educacional e Social (Fates), efetivamente distribuídas (artigo 2º, IX, da IN SRF nº 145/1999);

XII. O faturamento correspondente a vendas de materiais e equipamentos, assim como a prestação de serviços decorrentes dessas operações, efetuadas diretamente à Itaipu Binacional (AD SRF nº 74, de 10.08.1999);

XIII. Os custos agregados ao produto agropecuário dos associados, quando da sua comercialização e os valores dos serviços prestados pelas cooperativas de eletrificação rural a seus associados, sem prejuízo das demais deduções a que fazem jus (artigo 15 da Medida Provisória nº 2.15835/2001, e no artigo 1º da Lei nº 10.676/2003);

XIV. As receitas isentas ou não alcançadas pela incidência da contribuição ou sujeitas à alíquota 0 (zero);

XV. A receita decorrente da transferência onerosa a outros contribuintes do ICMS de créditos de ICMS originados de operações de exportação, conforme o disposto no inciso II do § 1º do artigo 25 da Lei Complementar nº 87/1996 (artigo 3º, § 2º, inciso V, da Lei nº 9.718/1998, com a redação dada pelo artigo 15 da Lei nº 11.945/2009).

Nota:

Segundo o parágrafo único do artigo 4º da Lei nº 11.941/2009, não será computada na apuração da base de cálculo das contribuições para o PIS e da Contribuição para o Financiamento da Seguridade Social (COFINS) a parcela equivalente à redução do valor das multas, juros e encargo legal em decorrência do parcelamento de débitos promovidos pelos artigos 1º, 2º e 3º da referida Lei.

5.1. Contratos de concessão de serviços públicos

O artigo 279 da Instrução Normativa RFB nº 1.700/2017 estabelece que na determinação da base de cálculo da contribuição para o PIS e da COFINS, exclui-se a receita reconhecida pela construção, recuperação, reforma, ampliação ou melhoramento da infraestrutura, cuja contrapartida seja ativo intangível representativo de direito de exploração.

A receita decorrente da construção, recuperação, reforma, ampliação ou melhoramento da infraestrutura, cuja contrapartida seja ativo financeiro representativo de direito contratual incondicional de receber caixa ou outro ativo financeiro, integrará a base de cálculo da contribuição para o PIS e da COFINS.

Para tanto, considera-se efetivamente recebida a parcela do total da receita bruta da fase de construção calculada pela proporção entre:

- R = valor do(s) pagamento(s) contratado(s), recebido(s) no período de apuração; e
- V = valor total contratado.

Por sua vez, não integram a base de cálculo da contribuição para o PIS e da COFINS as receitas financeiras decorrentes do ajuste a valor presente, de que trata o inciso VIII do *caput* do artigo 183 da Lei nº 6.404, de 1976, referentes aos ativos financeiros a receber decorrentes das receitas de serviços da fase de construção, nos períodos de apuração em que forem apropriadas.

5.2. Doações e patrocínios e aumento do valor dos estoques de produtos agrícolas, animais e extrativos

Na apuração da base de cálculo do PIS não integram a receita bruta:

a. Do doador ou patrocinador, o valor das receitas correspondentes a doações e patrocínios, realizados sob a forma de prestação de serviços ou de fornecimento de material de consumo para projetos culturais, amparados pela Lei nº 8.313, de 23 de dezembro de 1991, computados a preços de mercado para fins de dedução do imposto de renda (Inciso IX do art. 40); e

b. A contrapartida do aumento do ativo da pessoa jurídica, em decorrência da atualização do valor dos estoques de produtos agrícolas, animais e extrativos, tanto em virtude do registro no estoque de crias nascidas no período como pela avaliação do estoque a preço de mercado (Inciso IX do art. 40).

5.3. Operadoras de planos de assistência à saúde

Em relação aos fatos geradores ocorridos desde 1º.12.2001, as operadoras de planos de assistência à saúde podem deduzir, para fins de determinação da base de cálculo da COFINS e do PIS:

a. As corresponsabilidades cedidas;

b. A parcela das contraprestações pecuniárias destinada à constituição de provisões técnicas; e

c. O valor das indenizações correspondentes aos eventos ocorridos, efetivamente pago, deduzido das importâncias recebidas a título de transferência de responsabilidades.

5.4. Gorjetas

Segundo a Solução de Consulta nº 5, de 25.01.2006, o contribuinte não pode excluir da base de cálculo das contribuições para o PIS os valores cobrados de seus clientes e repassados a seus funcionários a título de "gorjetas", uma vez que tais valores integram a receita bruta e não se encontram elencados entre as hipóteses de exclusão previstas em lei.

Nota-se, porém, que, recentemente, a 1ª Vara Cível Federal, no Processo nº 0019873-48.2010.4.03.6100, acolheu Mandado de Segurança Coletivo desobrigando os bares, restaurantes e similares de recolherem PIS e COFINS sobre valores recebidos a título de gorjeta. Observa-se, contudo, que cabe, por parte da União, recurso contra a decisão.

6. ALÍQUOTA APLICÁVEL E PRAZO DE RECOLHIMENTO

Como regra, as pessoas jurídicas sujeitas ao regime cumulativo das contribuições para o PIS e para a COFINS devem calcular as respectivas contribuições devidas na modalidade cumulativa mediante a aplicação da alíquota de 0,65% (PIS) e de 3% (COFINS) sobre o faturamento bruto auferido.

A contribuição deverá ser paga até o 25º (vigésimo quinto) dia do mês subsequente ao de ocorrência do fato gerador. Se o dia do vencimento não for dia útil, considerar-se-á antecipado o prazo para o primeiro dia útil que o anteceder.

Nota

Para as instituições financeiras, o recolhimento deverá ser efetuado até o 20º (vigésimo) dia do mês subsequente ao mês de ocorrência dos fatos geradores. Observa-se que se o dia do vencimento não for dia útil, considerar-se-á antecipado o prazo para o primeiro dia útil que o anteceder.

6.1. Bancos e instituições assemelhadas

Os bancos e instituições assemelhadas observam alíquota de 0,65% para o PIS. Já para a COFINS a alíquota é diferenciada, comparativamente às demais empresas.

Em relação aos fatos geradores ocorridos a partir de 1º.09.2003, a alíquota da COFINS passou a ser de 4% para bancos comerciais, bancos de investimentos, bancos de desenvolvimento, caixas econômicas, sociedades de crédito, financiamento e investimento, sociedades de crédito imobiliário, sociedades corretoras, distribuidoras de títulos e valores mobiliários, empresas de arrendamento mercantil e cooperativas de crédito, empresas de seguros privados, entidades de previdência privada, abertas e fechadas, empresas de capitalização e pessoas jurídicas que tenham por objeto a securitização de créditos imobiliários e financeiros (artigo 18 da Lei nº 10.684/2003).

7. CÓDIGOS DE DARF A SEREM UTILIZADOS NO RECOLHIMENTO DAS CONTRIBUIÇÕES

O recolhimento das contribuições deverá ser efetuado, individualmente, mediante a utilização dos seguintes códigos de DARF (Campo 04):

Cofins entidades financeiras	7987
Cofins - Demais contribuintes sujeitos ao regime cumulativo	2172
PIS entidades financeiras e equiparadas	4574
PIS - Demais contribuintes sujeitos ao regime cumulativo	8109

8. EXEMPLO DE CÁLCULO DAS CONTRIBUIÇÕES CUMULATIVAS (PIS E COFINS)

Empresa industrial tributada com base no lucro presumido.

Cálculo relativo ao mês de julho/2023, com dados e valores meramente ilustrativos.

I – Dados para o exemplo

Receita do mês (líquida do ICMS)	R$ 141.250,00
IPI	R$ 12.500,00
Vendas canceladas	R$ 3.750,00

Observe que a receita já está líquida do ICMS

II – Determinação da base de cálculo das contribuições

Receita do mês (líquida do ICMS)		R$ 141.250,00
(-) IPI	R$ 12.500,00	
(-) Vendas canceladas	R$ 3.750,00	R$ 16.250,00
(=) Base de cálculo das contribuições		R$ 125.000,00

III – Contribuições devidas

PIS

R$ 125.000,00	X	0,65%	=	R$ 812,50

COFINS

R$ 125.000,00	X	3,00%	=	R$ 3.750,00

9. EMPRESA COM FILIAIS – APURAÇÃO E PAGAMENTO CENTRALIZADO

De acordo com o artigo 15 da Lei nº 9.779/1999, nas empresas que tenham filiais, a apuração e o pagamento das contribuições devem ser efetuados, obrigatoriamente, de forma centralizada, pelo estabelecimento matriz.

CAPÍTULO 4
REGIME NÃO CUMULATIVO

1. CONTRIBUINTES SUJEITOS AO REGIME NÃO CUMULATIVO

São contribuintes da COFINS e da contribuição para o PIS não cumulativas as pessoas jurídicas que auferirem receitas, independentemente de sua denominação ou classificação contábil.

Essas receitas compreendem a receita bruta da venda de bens e serviços nas operações em conta alheia e todas as demais receitas auferidas pela pessoa jurídica.

Basicamente, estão sujeitas à COFINS e à contribuição para o PIS na modalidade não cumulativa as pessoas jurídicas de direito privado e as que lhe são equiparadas pela legislação do Imposto de Renda, tributadas com base no lucro real, com algumas exceções, entre elas, as instituições financeiras, as sociedades de propósito específico[13] e,

---

13 Sociedades de Propósito Específico é um modelo de organização empresarial pelo qual se constitui uma nova empresa limitada ou sociedade anônima com um objetivo específico. Trata-se de uma sociedade com personalidade jurídica, escrituração contábil própria e demais características comuns às empresas limitadas ou Sociedades Anônimas. Esse tipo societário foi instituído pela Lei Complementar nº 128, que alterou o artigo 56 da Lei Geral das Micro e Pequenas Empresas (MPE) (LC nº 123/2006), introduzindo a figura da Sociedade de Propósito Específico, constituída exclusivamente de microempresas e empresas de pequeno porte optantes pelo Simples Nacional.

também, os contribuintes em relação a algumas receitas expressas em lei.

2. CONTRIBUINTES E RECEITAS EXCLUÍDOS DO REGIME NÃO CUMULATIVO

Além das pessoas jurídicas e receitas referidas nos itens 2 e 3 do Capítulo 3 deste livro, a legislação exclui expressamente do regime não cumulativo:

a. As pessoas jurídicas optantes pelo Simples;

b. As pessoas jurídicas imunes a impostos;

c. Os órgãos públicos, as autarquias e as fundações públicas federais, estaduais e municipais e as fundações cuja criação tenha sido autorizada por lei (artigo 61 do Ato das Disposições Constitucionais Transitórias da Constituição Federal de 1988);

d. As receitas decorrentes das operações sujeitas à substituição tributária das contribuições;

e. As receitas das pessoas jurídicas integrantes do Mercado Atacadista de Energia Elétrica (MAE) submetidas ao regime especial de tributação.

2.1. Consórcio de empresas (Lei nº 6.404/1976)

Relativamente ao consórcio de empresas referido nos artigos 278 e 279 da Lei nº 6.404/1976, a IN RFB nº 1.199/2011 estabelece que as contribuições para o PIS e para a COFINS relativas às operações correspondentes às atividades dos consórcios será apurada pelas pessoas jurídicas consorciadas proporcionalmente à participação de cada uma no empreendimento, observada a legislação específica.

Os créditos referentes à contribuição para o PIS e à COFINS não cumulativas, relativos aos custos, despesas e encargos vinculados às receitas das operações do consórcio, serão computados nas pessoas jurídicas consorciadas, proporcionalmente à participação de cada uma no empreendimento, observada, também, a legislação específica.

3. OPERAÇÕES NÃO SUJEITAS À INCIDÊNCIA DAS CONTRIBUIÇÕES

As contribuições não incidirão sobre as receitas decorrentes das seguintes operações:

a. Exportação de mercadorias para o exterior;

b. Prestação de serviços para pessoa física ou jurídica domiciliada no exterior, cujo pagamento represente ingresso de divisas[14];

c. Vendas a empresa comercial exportadora com o fim específico de exportação.

---

14   A Lei nº 11.371/2006 dispõe que "os recursos em moeda estrangeira relativos aos recebimentos de exportações brasileiras de mercadorias e de serviços para o exterior, realizadas por pessoas físicas ou jurídicas, poderão ser mantidos em instituição financeira no exterior, observados os limites fixados pelo Conselho Monetário Nacional". A referida lei ainda estabelece que, neste caso, a não incidência das contribuições na hipótese mencionada nessa letra "b" independe do efetivo ingresso de divisas. A IN SRF nº 687/2006 dispõe sobre a apresentação de informações relativas aos recursos em moeda estrangeira decorrentes de recebimentos de exportações de mercadorias e serviços mantidos no exterior.

3.1. Utilização dos créditos pela pessoa jurídica vendedora que realizar operações não sujeitas à incidência das contribuições

A pessoa jurídica vendedora que realizar quaisquer das operações referidas anteriormente (item 3) poderá utilizar o crédito apurado na forma do item 6 adiante para fins de:

a. Dedução do valor da contribuição a recolher, decorrente das demais operações no mercado interno;

b. Compensação com débitos próprios, vencidos ou vincendos, relativos a tributos e contribuições administrados pela Secretaria da Receita Federal, observada a legislação específica aplicável à matéria.

A pessoa jurídica que, até o final de cada trimestre do ano civil, não conseguir utilizar o crédito por qualquer das formas mencionadas poderá solicitar o seu ressarcimento em dinheiro, observada a legislação específica.

Essas normas aplicam-se somente aos créditos apurados em relação a custos, despesas e encargos vinculados à receita de exportação, devendo ser observadas as normas a serem baixadas pela SRF, tendo em vista que o crédito será determinado, a critério da pessoa jurídica, por um dos métodos indicados no subitem 6.3 adiante.

Lembre-se de que o método eleito pela pessoa jurídica para determinação do crédito deverá ser aplicado consistentemente em todo o ano-calendário.

O direito de utilizar o crédito para uma das finalidades citadas em "a" e "b" não beneficia a empresa comercial exportadora que tenha adquirido mercadorias com o fim específico de exportação. É vedada, nesta hipótese, a apuração de créditos vinculados à receita de exportação (Lei nº 10.833/2003, artigo 6º).

3.2. Aspectos relativos à empresa comercial exportadora

A empresa comercial exportadora referida na letra "c" do item 3 que houver adquirido mercadorias de outra pessoa jurídica, com o fim específico de exportação para o exterior, que, no prazo de 180 dias contados da data da emissão da nota fiscal pela vendedora, não comprovar o seu embarque para o exterior, ficará sujeita ao pagamento de todos os impostos e contribuições que deixaram de ser pagos pela empresa vendedora. A esse valor serão acrescidos juros de mora e multa, de mora ou de ofício, calculados na forma da legislação que rege a cobrança do tributo não pago.

Além disso, considera-se vencido o prazo para o pagamento na data em que a empresa vendedora deveria fazê-lo, caso a venda houvesse sido efetuada para o mercado interno, observado que:

a. No pagamento dos referidos tributos, a empresa comercial exportadora não poderá deduzir, do montante devido, nenhum valor a título de crédito de Imposto sobre Produtos Industrializados (IPI), contribuição para o PIS ou COFINS, decorrente da aquisição das mercadorias e serviços objeto da incidência;

b. A empresa deverá pagar, também, os impostos e as contribuições devidos nas vendas para o mercado interno, caso tenha alienado ou utilizado as mercadorias.

4. BASE DE CÁLCULO

A legislação que rege a contribuição para o PIS e a COFINS, com as alterações promovidas pela Lei nº 12.973/2014, estabelece que a referidas contribuições na modalidade não cumulativa, incidem sobre o total das receitas auferidas no mês pela pessoa jurídica, independentemente de sua denominação ou classificação contábil.

De uma forma geral, a base de cálculo do PIS e da COFINS é o total das receitas auferidas pela pessoa jurídica.

A já citada Lei nº 12.973/2014 veio estabelecer que o total das receitas compreende a receita bruta de que trata o art. 12 do Decreto-Lei nº 1.598/1977, e todas as demais receitas auferidas pela pessoa jurídica com os seus respectivos valores decorrentes do ajuste a valor presente.

O artigo 12 do Decreto-Lei nº 1.598/1977 estabelece que a receita bruta compreende:

I. O produto da venda de bens nas operações de conta própria;

II. O preço da prestação de serviços em geral;

III. O resultado auferido nas operações de conta alheia; e

IV. As receitas da atividade ou objeto principal da pessoa jurídica não compreendidas em I a III.

> **Nota-se que na Receita bruta:**
>
> - não se incluem os tributos não cumulativos cobrados, destacadamente, do comprador ou contratante pelo vendedor dos bens ou pelo prestador dos serviços na condição de mero depositário.
> - incluem-se os tributos sobre ela incidentes e os valores decorrentes do ajuste a valor presente.

<u>Na determinação da base de cálculo das contribuições para o PIS e COFINS deve ser levada em consideração a decisão do Supremo Tribunal Federal no sentido de que o ICMS próprio não compõe a base de cálculo dessas contribuições.</u>

Veja os detalhes no capítulo 1

4.1. Exclusões admitidas

Na determinação da base de cálculo das contribuições, permite-se a exclusão dos seguintes valores da receita bruta, entre outros:

I. Receitas isentas ou não alcançadas pela incidência da contribuição ou sujeitas à alíquota 0 (zero);

II. Outras receitas decorrentes da venda de bens do ativo não circulante, classificado como investimento, imobilizado ou intangível;

III. Receitas auferidas pela pessoa jurídica revendedora, na revenda de mercadorias em relação às quais a contribuição seja exigida da empresa vendedora, na condição de substituta tributária;

IV. Receitas provenientes de:

IV1. Vendas canceladas e aos descontos incondicionais concedidos;

IV2. Reversões de provisões e recuperações de créditos baixados como perda que não representem ingresso de novas receitas, o resultado positivo da avaliação de investimentos pelo valor do patrimônio líquido e os lucros e dividendos derivados de investimentos avaliados pelo custo de aquisição que tenham sido computados como receita;

V. Receitas decorrentes de transferência onerosa a outros contribuintes do Imposto sobre Operações relativas à Circulação de Mercadorias e sobre Prestações de Serviços de Transporte Interestadual e Intermunicipal e de Comunicação (ICMS) de créditos de ICMS originados de operações de exportação, conforme o disposto no inciso II do § 1º do artigo 25 da Lei Complementar nº 87, de 13 de setembro de 1996.

VI. Receitas financeiras decorrentes do ajuste a valor presente de que trata o inciso VIII do *caput* do artigo 183 da Lei nº 6.404, de 15 de dezembro de 1976, referentes a receitas excluídas da base de cálculo do PIS e da COFINS;

VII. Receitas relativas aos ganhos decorrentes de avaliação do ativo e passivo com base no valor justo;

VIII. Receitas de subvenções para investimento, inclusive mediante isenção ou redução de impostos, concedidas como estímulo à implantação ou expansão de empreendimentos econômicos e de doações feitas pelo poder público;

IX. Receitas reconhecidas pela construção, recuperação, reforma, ampliação ou melhoramento da infraestrutura, cuja contrapartida seja ativo intangível representativo de direito de exploração, no caso de contratos de concessão de serviços públicos;

X. Receitas relativas ao valor do imposto que deixar de ser pago em virtude das isenções e reduções de que tratam as alíneas "a", "b", "c" e "e" do § 1º do artigo 19 do Decreto-Lei nº 1.598, de 26 de dezembro de 1977 (lucro da exploração); e

XI. Receitas relativas ao prêmio na emissão de debêntures." (NR)

Para fins de determinação da base de cálculo das contribuições (PIS e COFINS), podem ser excluídos do faturamento, quando o tenham integrado, os valores:

- Do IPI;
- Do ICMS, quando destacado em nota fiscal e cobrado pelo vendedor dos bens ou prestador dos serviços na condição de substituto tributário;
- Das receitas excluídas do regime de incidência não cumulativa, constantes do artigo 10 da Lei nº 10.833, de 2003;
- Do ICMS próprio, conforme decisão do STF.

> **Nota:**
>
> Segundo o parágrafo único do artigo 4º da Lei nº 11.941/2009, não será computada na apuração da base de cálculo da contribuição para o PIS e da Contribuição para o Financiamento da Seguridade Social (COFINS) a parcela equivalente à redução do valor das multas, juros e encargo legal em decorrência do parcelamento de débitos promovidos pelos artigos 1º, 2º e 3º da referida Lei.

4.1.1. Receitas sujeitas à alíquota zero

4.1.1.1. Receitas financeiras

Aplica-se alíquota zero às contribuições ao PIS e a Cofins incidentes sobre receitas financeiras decorrentes de variações monetárias, em função da taxa de câmbio, de:

I.   Operações de exportação de bens e serviços para o exterior; e

II. Obrigações contraídas pela pessoa jurídica, inclusive empréstimos e financiamentos.

A alíquota das referidas contribuições também será zero em relação às receitas financeiras decorrentes de operações de cobertura (**hedge**) realizadas em bolsa de valores, de mercadorias e de futuros ou no mercado de balcão organizado destinadas exclusivamente à proteção contra riscos inerentes às oscilações de preço ou de taxas quando, cumulativamente, o objeto do contrato negociado:

a. Estiver relacionado com as atividades operacionais da pessoa jurídica; e

b. Destinar-se à proteção de direitos ou obrigações da pessoa jurídica.

Para as demais receitas financeiras, as alíquotas das contribuições para o PIS e para Cofins serão, respectivamente, 0,65% e 4%

(Decreto nº 8.426/2015)

4.1.1.2. Receitas decorrentes da venda no mercado interno

No tocante à redução à zero das alíquotas do PIS e da COFINS, a legislação prevê algumas hipóteses. Isso ocorre, por exemplo, quanto às receitas decorrentes da venda, no mercado interno, de (Lei nº 10.637/2002, artigo 5º-A; Lei nº 10.865/2004, artigo 28; Lei nº 11.196/2005, artigo 44; Decretos nº 5.171/2004 e nº 5.630/2005):

I. Matérias-primas, produtos intermediários e materiais de embalagem, produzidos na Zona Franca de Manaus, para emprego em processo de industrialização por estabelecimentos industriais ali instalados e consoante projetos aprovados pelo Conselho de Administração da Superintendência da Zona Franca de Manaus (Suframa);

II. Livros, conforme definido no artigo 2º da Lei nº 10.753/2003.

A Lei nº 10.753/2003 considera livro a publicação de textos escritos em fichas ou folhas, não periódica, grampeada, colada ou costurada, em volume cartonado, encadernado ou em brochura, em capas avulsas, em qualquer formato e acabamento. Também são equiparados a livro:

- Fascículos, publicações de qualquer natureza que representem parte de livro;
- Materiais avulsos relacionados com o livro, impressos em papel ou em material similar;
- Roteiros de leitura para controle e estudo de literatura ou de obras didáticas;
- Álbuns para colorir, pintar, recortar ou armar;
- Atlas geográficos, históricos, anatômicos, mapas e cartogramas;
- Textos derivados de livro ou originais, produzidos por editores, mediante contrato de edição celebrado com o autor, com a utilização de qualquer suporte;
- Livros em meio digital, magnético e ótico, para uso exclusivo de pessoas com deficiência visual;
- Livros impressos no Sistema Braille.

III. Papel destinado à impressão de jornais, pelo prazo de 4 anos contados a partir de 1º.05.2004, ou até que a produção nacional atenda a 80% do consumo interno. Com a entrada em vigor da Lei nº 11.727/2008, esse prazo foi estendido até 30.04.2012, com vigência a partir de 1º.05.2008;

IV. Papéis classificados nos códigos 4801.00.10, 4801.00.90, 4802.61.91, 4802.61.99, 4810.19.89 e 4810.22.90, todos da Tipi, destinados à impressão de periódicos, pelo prazo de 4 anos contados a partir de 1º.05.2004 ou até que a produção nacional atenda a 80% do consumo interno. Com a entrada em vigor da Lei nº 11.727/2008, esse

CAPÍTULO 4

prazo foi estendido até 30.04.2012, com vigência a partir de 1º.05.2008 (o tema foi regulamentado pelo Decreto nº 6.842/2009);

V. Produtos hortícolas e frutas, classificados nos Capítulos 7 e 8, e ovos, classificados na posição 04.07, todos da Tipi;

VI. Aeronaves, classificadas na posição 88.02 da NCM, suas partes, peças, ferramentais, componentes, insumos, fluidos hidráulicos, lubrificantes, tintas, anticorrosivos, equipamentos, serviços e matérias-primas empregados em sua manutenção, reparo, revisão, conservação, modernização, conversão e industrialização das aeronaves e de seus motores, suas partes, peças, componentes, ferramentais e equipamentos;

VII. Adubos ou fertilizantes classificados no Capítulo 31 da NCM (exceto se destinados ao uso veterinário) e suas matérias-primas;[15]

VIII. Defensivos agropecuários classificados na posição 38.08 da NCM e suas matérias-primas;

IX. Sementes e mudas destinadas à semeadura e plantio, em conformidade com o disposto na Lei nº 10.711/2003, e produtos de natureza biológica utilizados em sua produção;

X. Corretivos de solo de origem mineral classificados no Capítulo 25 da NCM;

---

15 A redução a zero das alíquotas das contribuições para o PIS e para a COFINS, no caso das matérias-primas mencionadas em VII e VIII, aplica-se somente nos casos em que a pessoa jurídica adquirente seja fabricante dos produtos neles relacionados (Decreto nº 5.630/2005, artigo 1º, § 2º).

XI. Feijões comuns (*Phaseolus vulgaris*), classificados nos códigos 0713.33.19, 0713.33.29 e 0713.33.99 da NCM, arroz descascado (arroz "cargo" ou castanho), classificado no código 1006.20 da NCM, arroz semibranqueado ou branqueado, mesmo polido ou brunido (glaceado), classificado no código 1006.30 da NCM e farinhas classificadas no código 1106.20 da NCM;

XII. Inoculantes agrícolas, produzidos a partir de bactérias fixadoras de nitrogênio, classificados no código 3002.90.99 da NCM;

XIII. Vacinas para medicina veterinária classificadas no código 3002.30 da NCM;

XIV. Farinha, grumos e sêmolas, grãos esmagados ou em flocos, de milho, classificados, respectivamente, nos códigos 1102.20, 1103.13 e 1104.19, todos da Tipi;

XV. Pintos de um dia classificados no código 0105.11 da Tipi;

XVI. Leite fluido pasteurizado ou industrializado, na forma de ultrapasteurizado, destinado ao consumo humano;

XVII. Leite em pó, integral ou desnatado, destinado ao consumo humano;

XVIII. Queijos tipo mozarela, minas, prato, queijo de coalho, ricota e requeijão;

XIX. Sêmens e embriões da posição 05.11 da NCM;

XX. Produtos químicos (inclusive produtos destinados ao uso em laboratório de anatomia patológica, citológica ou de análises clínicas) indicados no Decreto nº 6.426/2008; e

XXI. Produtos destinados ao uso em hospitais, clínicas e consultórios médicos e odontológicos, campanhas de saúde realizadas pelo Poder Público e laboratórios de anatomia patológica, citológica ou de análises clínicas, classificados nas posições 30.02, 30.06, 39.26, 40.15 e 90.18 da NCM, observado, ainda, o Decreto nº 6.426/2008.

A legislação ainda prevê a redução a zero das referidas contribuições relativamente à receita bruta:

a. Auferida por comerciante atacadista ou varejista, com a venda dos produtos relacionados nos Anexos I e II da Lei nº 10.485/2002 (autopeças e outros produtos) e das máquinas e veículos classificados nos códigos 84.29, 8432.40.00, 84.32.80.00, 8433.20, 8433.30.00, 8433.40.00, 8433.5, 87.01 a 87.06 da Tipi, exceto quando auferida por empresa comercial atacadista adquirente dos produtos resultantes da industrialização por encomenda (§ 2º do artigo 3º da Lei nº 10.485/2002 pelo artigo 36 da Lei nº 10.865/2004);

b. Decorrente da venda de produtos farmacêuticos classificados nas posições 30.01, 30.03, exceto no código 3003.90.56, e 30.04, exceto no código 3004.90.46, nos itens 3002.10.1, 3002.10.2, 3002.10.3, 3002.20.1, 3002.20.2, 3006.30.1 e 3006.30.2, nos códigos 3002.90.20, 3002.90.92, 3002.90.99, 3005.10.10, 3006.60.00, produtos de perfumaria, de toucador ou de higiene pessoal, classificados nas posições

33.03 a 33.07, e nos códigos 3401.11.90, 3401.20.10 e 96.03.21.00, pelas pessoas jurídicas não enquadradas na condição de industrial ou de importador (artigo 2º da Lei nº 10.147/2000).

4.1.1.4. Atacadistas e varejistas

A partir de janeiro de 2009, os comerciantes atacadistas e varejistas poderão usufruir da alíquota zero do PIS e da COFINS em relação às receitas decorrentes da venda dos seguintes produtos classificados na Tipi (Tabela de Incidência do IPI, aprovada pelo Decreto nº 6.006/2006):

c. 21.06.90.10 Ex. 02 – Preparações compostas, não alcoólicas – extratos concentrados ou sabores concentrados –, para elaboração de bebida refrigerante do Capítulo 22, com capacidade de diluição de até 10 partes da bebida para cada parte do concentrado;

d. 22.01 – Águas, incluídas as águas minerais, naturais ou artificiais, e as águas gaseificadas, não adicionadas de açúcar ou de outros edulcorantes nem aromatizadas; gelo e neve;

e. 22.02 – Águas, incluídas as águas minerais e as águas gaseificadas, adicionadas de açúcar ou de outros edulcorantes ou aromatizadas e outras bebidas não alcoólicas, exceto sucos de frutas ou de produtos hortícolas, da posição 20.09), exceto os Ex. 01 (bebidas alimentares à base de soja ou de leite e cacau) e Ex. 02 (Néctares de frutas) do código 22.02.90.00, e 22.03 (cervejas de malte).

4.1.1.4. Receitas pagas pelo poder público (estímulo à solicitação *de documento fiscal)*

Segundo a MP nº 451/2008, ficam reduzidas a zero as alíquotas da contribuição para o PIS e da Contribuição para o Financiamento da Seguridade Social (COFINS) incidentes sobre as receitas decorrentes de valores pagos ou creditados pelos Estados, Distrito Federal e Municípios relativos ao ICMS e ao ISS, no âmbito de programas de concessão de crédito voltados ao estímulo à solicitação de documento fiscal na aquisição de mercadorias e serviços.

4.1.2. *Suspensão da incidência das contribuições para o PIS/PASEP e para a COFINS*

4.1.2.1. *Venda de produtos agropecuários*

No caso de venda de produtos agropecuários, a legislação prevê a suspensão da incidência das contribuições para o PIS e para a COFINS, nas hipóteses, termos e condições estabelecidos pela Secretaria da Receita Federal.

4.1.2.2. Vendas de matérias-primas, produtos intermediários e *materiais de embalagem*

Relativamente às receitas de vendas de matérias-primas, produtos intermediários e materiais de embalagem, adquiridos por pessoa jurídica preponderantemente exportadora, a suspensão das contribuições para o PIS e para a COFINS foi disciplinada pela IN SRF 2.121/2022.

4.1.2.3. Venda ou importação de máquinas e equipamentos, classificados na posição 84.39 da Tipi

No caso de venda ou de importação de máquinas e equipamentos, classificados na posição 84.39 da Tipi e utilizados na fabricação de papéis destinados à impressão de jornais ou de papéis classificados nos códigos 4801.00.10, 4801.00.90, 4802.61.91, 4802.61.99, 4810.19.89 e 4810.22.90, todos da Tipi, fica suspensa a exigência (Lei nº 11.196/2005, artigo 55; Decretos nº 5.653/2005 e nº 5.881/2006) das contribuições para o PIS e para a COFINS incidentes sobre a receita bruta da venda no mercado interno, quando os referidos bens forem adquiridos por pessoa jurídica industrial habilitada ao regime para incorporação ao seu Ativo Imobilizado.

4.1.2.4. Desperdícios, resíduos ou aparas

Segundo o artigo 48 da Lei nº 11.196/2005, a incidência do PIS e da COFINS fica suspensa no caso de venda, para pessoa jurídica que apure o Imposto de Renda com base no lucro real, de desperdícios, resíduos ou aparas de plástico, de papel ou cartão, de vidro, de ferro ou aço, de cobre, de níquel, de alumínio, de chumbo, de zinco e de estanho, classificados respectivamente nas posições 39.15, 47.07, 70.01, 72.04, 74.04, 75.03, 76.02, 78.02, 79.02 e 80.02 da Tabela de Incidência do Imposto sobre Produtos Industrializados (Tipi) então vigente, e demais desperdícios e resíduos metálicos do Capítulo 81 da mesma TIPI.

O parágrafo único do referido artigo 48 determina, ainda, que a suspensão do PIS e da COFINS referida neste subitem não se aplica às vendas efetuadas por pessoa jurídica optante pelo Simples.

4.1.2.5. Receita da venda de material de embalagem a ser utilizado no acondicionamento de mercadoria destinada à exportação

Segundo o artigo 49 da Lei nº 11.196/2005, está suspensa a exigência do PIS e a da COFINS incidentes sobre a receita auferida por fabricante na venda à empresa sediada no exterior para entrega em território nacional de material de embalagem a ser totalmente utilizado no acondicionamento de mercadoria destinada à exportação para o exterior. Tal suspensão converte-se em alíquota 0 (zero) depois da exportação da mercadoria acondicionada e sua fruição é condicionada ao atendimento dos termos e condições estabelecidos em regulamento do Poder Executivo.

A pessoa jurídica que, no prazo de 180 dias contados da data em que se realizou a operação de venda, não houver efetuado a exportação para o exterior das mercadorias acondicionadas com o material de embalagem recebido com suspensão, fica obrigada ao recolhimento dessas contribuições. O valor deverá ser acrescido de juros e multa de mora, contados a partir da referida data de venda, na condição de responsável.

4.1.2.6. Venda de combustível destinado à navegação de cabotagem e de apoio portuário e marítimo

Desde 13.05.2008, está suspensa a exigência das contribuições para o PIS e para a COFINS no caso de venda, quando destinados à navegação de cabotagem e de apoio portuário e marítimo, de:

I.   Óleo combustível, tipo *bunker*, MF (*Marine Fuel*), classificado no código 2710.19.22;

II. Óleo combustível, tipo *bunker*, MGO (*Marine Gas Oil*), classificado no código 2710.19.29; e

III. Óleo combustível, tipo *bunker*, ODM (Óleo *Diesel* Marítimo), classificado no código 2710.19.29.

4.1.3. Receitas isentas

São isentas das contribuições as receitas decorrentes da venda de energia elétrica pela Itaipu Binacional.

4.2. Receitas excluídas do regime de incidência não cumulativa

Estão excluídas do regime de incidência não cumulativa do PIS e da COFINS as seguintes receitas (ainda que a pessoa jurídica esteja submetida a esse regime de incidência):

a. De prestação de serviços de telecomunicações;

b. De venda de jornais e periódicos e de prestação de serviços das empresas jornalísticas e de radiodifusão sonora e de sons e imagens;

c. De prestação de serviços de transporte coletivo rodoviário, metroviário, ferroviário e aquaviário de passageiros;

d. De serviços prestados por hospital, pronto-socorro, clínicas médica, odontológica, de fisioterapia e de fonoaudiologia, e laboratório de anatomia patológica, citológica ou de análises clínicas; e de serviços de diálise, raio X, radiodiagnóstico e radioterapia, quimioterapia e de banco de sangue; (ver ADI SRF nº 26/2004)

e. De venda de mercadorias realizada pelas lojas francas de portos e aeroportos (*free shops*);

f. De prestação de serviço de transporte coletivo de passageiros, efetuado por empresas regulares de linhas aéreas domésticas, e as decorrentes da prestação de serviço de transporte de pessoas por empresas de táxi-aéreo;

g. Da edição de periódicos e de informações neles contidas, que sejam relativas aos assinantes dos serviços públicos de telefonia;

h. De prestação de serviços com aeronaves de uso agrícola inscritas no Registro Aeronáutico Brasileiro (RAB);

i. De prestação de serviços das empresas de *call center*, *telemarketing*, telecobrança e de teleatendimento em geral;

j. Da execução por administração, empreitada ou subempreitada, de obras de construção civil;

k. Auferidas por parques temáticos, e as decorrentes de serviços de hotelaria e de organização de feiras e eventos, conforme definido na Portaria Interministerial nº 33/2005, dos Ministros de Estado dos Ministérios da Fazenda e do Turismo;

l. De prestação de serviços de educação infantil, ensinos fundamental e médio e educação superior;

m. De contratos firmados anteriormente a 31.10.2003:

ml. Com prazo superior a 1 (um) ano, de administradoras de planos de consórcios de bens móveis e imóveis, regularmente autorizadas a funcionar pelo Banco Central;

m2. Com prazo superior a 1 (um) ano, de construção por empreitada ou de fornecimento, a preço predeterminado, de bens ou serviços;

m3. De construção por empreitada ou de fornecimento, a preço predeterminado, de bens ou serviços contratados com pessoa jurídica de direito público, empresa pública, sociedade de economia mista ou suas subsidiárias, bem como os contratos posteriormente firmados decorrentes de propostas apresentadas, em processo licitatório, até aquela data;

m4. De revenda de imóveis, desmembramento ou loteamento de terrenos, incorporação imobiliária e construção de prédio destinado à venda, quando decorrente de contratos de longo prazo;

n. De venda de álcool para fins carburantes;

o. Das operações sujeitas à substituição tributária;

p. De venda de veículos usados de que trata o artigo 5º da Lei nº 9.716/1998;

q. Das operações de compra e venda de energia elétrica, no âmbito do Mercado Atacadista de Energia Elétrica (MAE), pelas pessoas jurídicas submetidas ao regime especial de que trata o artigo 47 da Lei nº 10.637/2002;

r. Da prestação de serviços postais e telegráficos prestados pela Empresa Brasileira de Correios e Telégrafos;

s. De prestação de serviços públicos de concessionárias operadoras de rodovias;

t. Da prestação de serviços das agências de viagem e de viagens e turismo;

u. Das atividades de desenvolvimento de *software* e o seu licenciamento ou cessão de direito de uso, bem como de análise, programação, instalação, configuração, assessoria, consultoria, suporte técnico e manutenção ou atualização de *software*, compreendidas ainda como *softwares* as páginas eletrônicas, auferidas por empresas de serviços de informática. A exclusão da não cumulatividade não alcança a comercialização, licenciamento ou cessão de direito de uso de *software* importado.

Nota:

Naturalmente, os custos, despesas e encargos vinculados às receitas anteriormente referidas não geram direito ao desconto de créditos. Ver item 6, adiante.

4.3. Recuperação de tributos pagos a maior ou indevidamente

Tem sido cada vez mais frequente a recuperação de tributos pagos a maior ou indevidamente pelas empresas. Tem-se questionado se esses valores compõem a base de cálculo do PIS e da COFINS. Sobre o assunto, a Receita Federal do Brasil, por meio da Solução de Consulta nº 369, de 19.10.2009, esclareceu que não há que se falar em incidência das contribuições para o PIS/COFINS sobre os valores recuperados a título de tributo pago a maior ou indevidamente, uma vez que tais valores, no período em que foram reconhecidos como despesas, não influenciaram a base tributável da contribuição.

Já o valor dos juros (aplicação da taxa Selic) decorrente do indébito tributário recuperado, por se tratar de receita nova, em princípio deve compor a base de cálculo do PIS e da Cofins. Isto porque os valores decorrentes da aplicação da taxa Selic para corrigir e remunerar tributos pagos indevidamente pelo contribuinte, e devolvidos pelo Fisco, integram o total das receitas auferidas pela pessoa jurídica, no regime não cumulativo.

4.4. Mercadorias recebidas em doação

De acordo com a Solução de Consulta nº 122, de 9 de maio de 2011, as receitas relativas ao recebimento de mercadorias em doação não integram a base de cálculo da contribuição do PIS apurada na **sistemática cumulativa**.

No entanto, tratando-se de regime não cumulativo, a posição da Receita Federal é outra. Segundo a Solução de Consulta nº 412, de 20 de dezembro de 2004, as doações recebidas de entes do Poder Público integram os resultados não operacionais da pessoa jurídica, compondo a base de cálculo da contribuição para o PIS.

5. ALÍQUOTAS DAS CONTRIBUIÇÕES

As alíquotas das contribuições para o PIS e da COFINS, com a incidência não cumulativa, são, respectivamente, de um inteiro e sessenta e cinco centésimos por cento (1,65%) e de sete inteiros e seis décimos por cento (7,6%). Contudo, há exceções à aplicação das alíquotas acima. A legislação prevê, para casos específicos (os chamados regimes especiais), a aplicação de alíquotas concentradas e alíquotas reduzidas, conforme abordado no Capítulo 6.

5.1. Exemplo de empresa comercial tributada com base no lucro real

Receitas auferidas no mês de setembro/2023 e contribuições devidas:

Receitas	Valores em reais	Cofins não cumulativa (7,6%)	PIS não cumulativo (1,65%)
Receita de vendas de mercadorias (excluídos os valores relativos às vendas canceladas e os descontos incondicionais efetuados no mês), **líquido do ICMS**	R$ 1.100.000,00	R$ 83.600,00	R$ 18.150,00
Saídas isentas da contribuição	R$ 275.000,00	R$ -	R$ -
Saídas sujeitas à alíquota zero	R$ -	R$ -	R$ -
Saídas sujeitas ao regime de incidência cumulativa das contribuições	R$ -	R$ -	R$ -
Total	R$ 1.375.000,00	R$ 83.600,00	R$ 18.150,00

Na determinação da base de cálculo das contribuições para o PIS e COFINS deve ser levada em consideração a decisão do Supremo Tribunal Federal no sentido de que o ICMS próprio não compõe a base de cálculo dessas contribuições.

Veja os detalhes no capítulo 1

6. DEDUÇÕES DE CRÉDITOS

Inicialmente, cabe aqui reforçar o comentário feito no capítulo 1 deste livro no que diz respeito à Medida Provisória 1.159/2023 (DOU 12/01/2023), **convertida na Lei nº 14.592/2023** – DOU 1 de 30.05.2023 no sentido de que **não dá direito a crédito em relação ao PIS e a Cofins, o valor do ICMS que tenha incidido sobre a operação de aquisição.** Portanto, na prática, isso significa que deve ser expurgado do valor das compras o ICMS incidente na operação o que, naturalmente, reduzirá o valor do crédito a ser aproveitado na determinação da base de cálculo das referidas contribuições.

Feito esses comentários iniciais, temos que, das contribuições não cumulativas apuradas, a pessoa jurídica poderá descontar créditos provenientes de suas operações de compra de mercadorias, de seu processo produtivo etc.

Os créditos são calculados em relação a:

a. Bens adquiridos para revenda;

b. Bens e serviços utilizados como insumo na prestação de serviços e na produção ou fabricação de bens ou produtos destinados à venda, inclusive combustíveis e lubrificantes (esse crédito não se aplica ao pagamento de que trata o artigo 2º da Lei nº 10.485/2002, pelo fabricante ou importador, ao concessionário, pela intermediação ou entrega dos veículos classificados nas posições 87.03 e 87.04 da Tipi);

c. Energia elétrica consumida nos estabelecimentos da pessoa jurídica;

d. Aluguéis de prédios, máquinas e equipamentos pagos à pessoa jurídica, utilizados nas atividades da empresa;

e. Valor das contraprestações de operações de arrendamento mercantil de pessoa jurídica, exceto de optante pelo Simples;

f. Encargos de depreciação e amortização de máquinas, equipamentos e outros bens incorporados ao Ativo Imobilizado, adquiridos para utilização na produção de bens destinados à venda ou na prestação de serviços (o aproveitamento de créditos sobre a depreciação de bens do Ativo Imobilizado é abordado em detalhes no subitem 6.2.1);

g. Encargos de depreciação e amortização de edificações e benfeitorias em imóveis próprios ou de terceiros utilizados nas atividades da empresa;

> **Nota:**
>
> Em relação às letras "f" e "g" acima:
>
> - o aproveitamento de crédito não se aplica no caso de bem objeto de arrendamento mercantil, na pessoa jurídica arrendatária;
>
> - é vedado o desconto de quaisquer créditos calculados em relação a:
>
>   I. Encargos associados a empréstimos registrados como custo na forma da alínea "b" do § 1º do artigo 17 do Decreto-Lei nº 1.598, de 26 de dezembro de 1977; e
>
>   II. custos estimados de desmontagem e remoção do imobilizado e de restauração do local em que estiver situado;
>
> - no cálculo dos créditos, não serão computados os ganhos e perdas decorrentes de avaliação de ativo com base no valor justo.

h. Bens recebidos em devolução, cuja receita de venda tenha integrado o faturamento do mês ou de mês anterior, tributada na modalidade não cumulativa;

i. Armazenagem de mercadoria e frete na operação de venda, nos casos das letras "a" e "b", quando o ônus for suportado pelo vendedor;

j. Vale-transporte, vale-refeição ou vale-alimentação, fardamento ou uniforme fornecidos aos empregados **por pessoa jurídica que explore as atividades de prestação de serviços de limpeza, conservação e manutenção** (Lei nº 11.898/2009);

k. Energia elétrica e energia térmica, inclusive sob a forma de vapor, consumidas nos estabelecimentos da pessoa jurídica;

l. Bens incorporados ao ativo intangível, adquiridos para utilização na produção de bens destinados à venda ou na prestação de serviços.

Lembre-se de que, por meio do artigo 24 da Lei nº 11.727/2008, foi permitido à pessoa jurídica sujeita ao regime de apuração não cumulativa das contribuições para o PIS e para a COFINS, produtora ou fabricante dos produtos relacionados no § 1º do artigo 2º da Lei nº 10.833, de dezembro de 2003, descontar créditos relativos à aquisição desses produtos de outra pessoa jurídica importadora, produtora ou fabricante, para revenda no mercado interno ou para exportação.

Nota:

No cálculo do crédito acima, poderão ser considerados os valores decorrentes do ajuste a valor presente de que trata o inciso III do *caput* do artigo 184 da Lei nº 6.404, de 15 de dezembro de 1976.

6.1. Direito ao crédito – Abrangência

O direito ao crédito aplica-se, exclusivamente, em relação:

a. Aos bens e serviços adquiridos de pessoa jurídica domiciliada no País;

b. Aos custos e despesas incorridos, pagos ou creditados à pessoa jurídica domiciliada no País;

c. Aos bens e serviços adquiridos e aos custos e despesas incorridos a partir de 1º.12.2002 para o PIS e, a partir de 1º.02.2004, para a COFINS.

É importante lembrar-se que, segundo o Ato Declaratório Interpretativo RFB nº 15/2007, as pessoas jurídicas sujeitas ao regime de apuração não cumulativa da contribuição para o PIS e da Contribuição para o Financiamento da Seguridade Social (COFINS), observadas as vedações previstas e demais disposições da legislação aplicável, podem descontar créditos calculados em relação às aquisições de bens e serviços de pessoa jurídica optante pelo Simples Nacional, instituído pelo artigo 12 da Lei Complementar nº 123/2006.

> **Nota:**
>
> As despesas efetuadas com a aquisição de partes e peças de reposição que sofram desgaste, dano ou a perda de propriedades físicas ou químicas, utilizadas em máquinas e equipamentos que efetivamente respondam diretamente por todo o processo de fabricação dos bens ou produtos destinados à venda, pagas à pessoa jurídica domiciliada no País, geram direito à apuração de créditos a serem descontados da COFINS e do PIS, desde que as partes e peças de reposição não estejam obrigadas a ser incluídas no Ativo Imobilizado, nos termos da legislação vigente e desde que respeitados todos os demais requisitos normativos e legais atinentes à espécie.

6.1.1. Valores que não dão direito ao crédito

A Lei que rege o assunto estabelece claramente que não dá direito a crédito o valor de mão de obra paga à pessoa física.

A legislação também estabelece que o crédito relativo a bens adquiridos para revenda ou utilizados como insumos na prestação de serviços e na produção ou fabricação de bens ou produtos destinados à venda, que tenham sido furtados ou roubados, inutilizados ou deteriorados, destruídos em sinistro ou, ainda, empregados em outros produtos que tenham tido a mesma destinação, deverá ser estornado (artigo 3º, § 13, da Lei nº 10.833/2003, com redação dada pelo artigo 21 da Lei nº 10.865/2004).

Outro ponto importante no que diz respeito à vedação ao aproveitamento de créditos está relacionado a despesas com aluguel e à contraprestação de arrendamento mercantil. Desde 31.07.2004, está vedado o aproveitamento de créditos relativos a aluguel e à contraprestação de arrendamento mercantil <u>de bens que já tenham integrado o patrimônio da pessoa jurídica</u>.

Lembra-se de que, por meio da Solução de Consulta nº 436, de 21 de dezembro de 2010, a Receita Federal esclareceu que o pagamento de comissões a pessoas jurídicas que atuam como representantes comerciais autônomos efetuando a colocação de produtos no mercado não gera direito a crédito das contribuições para o PIS e para a COFINS, dado que tal serviço não preenche a definição de insumo estabelecida para tal fim pela legislação de regência, por não ser aplicado ou consumido diretamente na fabricação de produtos destinados à venda.

6.1.2. Vendas efetuadas com suspensão, isenção, alíquota 0 (zero) ou não incidência das contribuições – manutenção do crédito

De acordo com o artigo 17 da Lei nº 11.033/2004, as vendas efetuadas com suspensão, isenção, alíquota 0 (zero) ou não incidência das contribuições para o PIS e para a COFINS não impedem a manutenção, pelo vendedor, dos créditos vinculados a essas operações. Deste modo, ficou estabelecido pelo artigo 16 da Lei nº 11.116/2005 que o saldo credor dessas contribuições acumulado ao final de cada trimestre poderá ser objeto de:

a. Compensação com débitos próprios, vencidos ou vincendos, relativos a tributos e contribuições administrados pela Secretaria da Receita Federal, observada a legislação específica aplicável à matéria; ou

b. Pedido de ressarcimento em dinheiro, observada a legislação específica aplicável à matéria.

6.1.3. Serviços jurídicos, contábeis e de marketing

De acordo com Solução de Consulta nº 42/2005, não dão direito a crédito os valores pagos a pessoas jurídicas domiciliadas no País a título de serviços jurídicos, contábeis e de *marketing* contratados por empresa que se dedica à indústria e ao comércio de alimentos, por não configurarem pagamento de serviços enquadrados como insumos utilizados na fabricação de produtos destinados à venda.

6.2. Determinação do crédito

O crédito será determinado mediante a aplicação das alíquotas de 7,6% para a COFINS e de 1,65% para o PIS sobre o valor:

a. Dos itens mencionados nas letras "a", "b" e "i" do item 6, adquiridos no mês;

b. Dos itens mencionados nas letras "c" a "e" do item 6, incorridos no mês;

c. Dos encargos de depreciação e amortização dos bens mencionados nas letras "f", "g" e "l" do item 6, incorridos no mês;

d. Dos bens mencionados na letra "h" do item 6, devolvidos no mês.

6.2.1. Encargos de depreciação de máquinas e equipamentos

Como vimos no item 6, as pessoas jurídicas sujeitas à incidência não cumulativa da contribuição para o PIS e para a COFINS, em relação aos bens adquiridos no País ou no exterior, fazem jus ao aproveitamento de créditos, originalmente, sobre os encargos de depreciação calculados sobre bens incorporados ao Ativo Imobilizado.

A partir de 1º.05.2004, podem ser aproveitados créditos calculados sobre:

a. Máquinas, equipamentos e outros bens incorporados ao Ativo Imobilizado para utilização na produção de bens destinados à venda ou na prestação de serviços;

b. Edificações e benfeitorias em imóveis próprios ou de terceiros utilizados nas atividades da empresa; e

c. Máquinas e equipamentos destinados à produção de bens e serviços, adquiridos ou recebidos a partir do mês de maio de 2008 (Lei nº 11.774/2008).

6.2.1.1. Apuração do crédito – "Método alternativo"

Desde a criação do regime não cumulativo do PIS e da COFINS, muita coisa mudou. Originalmente, os créditos sobre bens do ativo imobilizado eram determinados mediante aplicação dos percentuais de 1,65 e 7,6% sobre os encargos de depreciação referidos no subitem anterior, que eram determinados mediante a aplicação da taxa de depreciação em função do prazo de vida útil do bem (IN nº 162/2004).

O contribuinte, contudo, opcionalmente, para fins de apuração da contribuição para o PIS e para a COFINS, pode calcular créditos sobre o valor de aquisição de bens referidos nas letras "a" a "c" do subitem 6.2.1, respectivamente, no prazo de:

a. 4 anos, no caso de máquinas e equipamentos destinados ao Ativo Imobilizado;

b. 2 anos, no caso de máquinas, aparelhos, instrumentos e equipamentos, novos, relacionados nos Decretos nº 4.955/2004 e nº 5.173/2004, conforme disposição constante do Decreto nº 5.222/2004, adquiridos a partir de 1º.10.2004, destinados ao Ativo Imobilizado e empregados em processo industrial do adquirente (§ 2º do artigo 2º da Lei nº 11.051/2004, com a redação dada pelo artigo 42 da MP nº 252/2005); e

c. 1 ano, no caso de máquinas e equipamentos destinados à produção de bens e serviços.

Com a edição da Lei nº 12.546/2011, o cálculo pelo método alternativo passou a ser escalonado de acordo com a data de aquisição do bem a partir de agosto de 2011 até junho/2012.

De acordo com essa disciplina, as pessoas jurídicas, nas hipóteses de aquisição no mercado interno ou de importação de máquinas e equipamentos destinados à produção de bens e prestação de serviços, poderão optar pelo desconto dos créditos da contribuição para o PIS e da Contribuição para o Financiamento da Seguridade Social (COFINS) da seguinte forma:

I.   No prazo de 11 (onze) meses, no caso de aquisições ocorridas em agosto de 2011;

II.   No prazo de 10 (dez) meses, no caso de aquisições ocorridas em setembro de 2011;

III.   No prazo de 9 (nove) meses, no caso de aquisições ocorridas em outubro de 2011;

IV.   No prazo de 8 (oito) meses, no caso de aquisições ocorridas em novembro de 2011;

V.   No prazo de 7 (sete) meses, no caso de aquisições ocorridas em dezembro de 2011;

VI.   No prazo de 6 (seis) meses, no caso de aquisições ocorridas em janeiro de 2012;

VII.   No prazo de 5 (cinco) meses, no caso de aquisições ocorridas em fevereiro de 2012;

VIII.   No prazo de 4 (quatro) meses, no caso de aquisições ocorridas em março de 2012;

IX.   No prazo de 3 (três) meses, no caso de aquisições ocorridas em abril de 2012;

X.   No prazo de 2 (dois) meses, no caso de aquisições ocorridas em maio de 2012; e

XI.   No prazo de 1 (um) mês, no caso de aquisições ocorridas em junho de 2012.

Em relação às aquisições ocorridas a partir de julho de 2012, o desconto dos créditos se dará imediatamente.

Referidos créditos são determinados na metodologia introduzida pela Lei nº 12.546/2011:

- Mediante a aplicação dos percentuais de 1,65% para o PIS e de 7,6% para a COFINS;
- Mediante a aplicação dos percentuais de 1,65% para o PIS e de 7,6% para a COFINS, acrescidos do valor do IPI vinculado à importação, quando integrante do custo de aquisição.

O benefício introduzido pela Lei nº 12.546/2011 aplica-se aos bens novos adquiridos ou recebidos a partir de 03.08.2011.

Nota-se que o regime de desconto de créditos no prazo de 12 (doze) meses (letra "c" do subitem 6.2.1.1) continua aplicável aos bens novos adquiridos ou recebidos a partir do mês de maio de 2008 e anteriormente a 03.08.2011.

6.2.1.2. Apuração dos créditos

Os créditos calculados com base no "método alternativo" (6.2.1.1) devem ser determinados mediante a aplicação, a cada mês, das alíquotas de 1,65% para a contribuição para o PIS e de 7,6% para a COFINS sobre o valor:

a. De 1/48 do valor de aquisição dos bens, na forma da letra "a" do subitem 6.2.1.1;

b. De 1/24 do valor de aquisição dos bens, na forma da letra "b" do subitem 6.2.1.1; ou

c. De 1/12 do valor de aquisição dos bens, na forma da letra "c" do subitem 6.2.1.1.

Na hipótese de bens já parcialmente depreciados, os créditos referidos acima devem ser calculados mediante a aplicação das alíquotas de 1,65% (PIS) e 7,6% (COFINS) sobre a parcela correspondente a 1/48 ou 1/24 do seu valor residual, conforme o caso.

No cálculo dos créditos, não podem ser computados os valores decorrentes da reavaliação de máquinas, equipamentos e edificações.

6.2.1.3. Crédito de bens e serviços adquiridos no País até 30.04.2004 – Aproveitamento

As pessoas jurídicas, em relação aos serviços e bens adquiridos no País até 30.04.2004, observado, no que couber, o disposto no artigo 69 da Lei nº 3.470/1958 e no artigo 57 da Lei nº 4.506/1964, somente podem descontar créditos calculados sobre os encargos de depreciação de:

a. Máquinas, equipamentos e outros bens incorporados ao Ativo Imobilizado, no caso da apuração da contribuição para o PIS decorrente de fatos geradores ocorridos até 31.01.2004;

b. Máquinas, equipamentos e outros bens incorporados ao Ativo Imobilizado para utilização na produção de bens destinados à venda ou na prestação de serviços, no caso de apuração das contribuições para o PIS e para a COFINS decorrentes de fatos geradores ocorridos entre 1º.02 e 31.07.2004;

c. Edificações e benfeitorias realizadas:

    c1. Em imóveis de terceiros, quando o custo, inclusive de mão de obra, tenha sido suportado pela locatária, no caso de apuração da contribuição para o PIS decorrente de fatos geradores ocorridos até 31.01.2004; e

    c2. Em imóveis próprios ou de terceiros utilizados nas atividades da empresa, no caso de apuração das contribuições para o PIS e para a COFINS decorrentes de fatos geradores ocorridos entre 1º.02.2014 e 31.07.2004.

Os créditos referidos neste subitem devem ser calculados mediante a aplicação, a cada mês, das alíquotas de 1,65% para a contribuição para o PIS e de 7,6% para a COFINS, sobre o valor dos encargos de depreciação incorridos no mês.

6.2.1.4. *Vedações ao aproveitamento de créditos*

É importante lembrar-se de que é vedada a utilização de créditos:

a. Sobre encargos de depreciação acelerada incentivada, apurados na forma do RIR/2018; e

b. Na hipótese de aquisição de bens usados.

6.2.1.5. Aproveitamento de créditos sobre a depreciação de bens do Ativo Imobilizado adquiridos usados

As Leis nº 10.637/2002 e nº 10.833/2003, ao criarem o regime não cumulativo para a COFINS e para a contribuição ao PIS, permitiram à pessoa jurídica aproveitar créditos sobre bens do Ativo Imobilizado, calculados sobre os encargos de depreciação de máquinas, equipamentos e outros bens para utilização na produção de bens destinados à venda ou na prestação de serviços e sobre edificações e benfeitorias em imóveis próprios ou de terceiros, utilizados nas atividades da empresa.

Contudo, com a edição da Instrução Normativa nº 457/2004 (hoje vige a IN 2.121/2022), criou-se um impasse, tendo em vista a restrição explícita trazida por esse ato no que diz respeito ao aproveitamento dos créditos da espécie.

Segundo o artigo 1º, § 3º, inciso II, da IN 457/2004, à época em que vigia, o aproveitamento de créditos sobre bens do Ativo Imobilizado **não se aplica na hipótese de bens usados**.

Imediatamente houve manifestações no sentido de que a IN teria extrapolado seu campo de atuação ao ditar tal regra que não estaria prevista em lei, haja vista que ambas as leis instituidoras das contribuições não cumulativas (Leis nº 10.637/2002 e nº 10.833/2004) não fazem referência expressa a essa vedação.

Entende-se que essa vedação consta tacitamente da Lei nº 10.833/2003 e que, portanto, a IN estaria simplesmente explicitando dispositivo da referida Lei. Esse entendimento encontra respaldo no inciso II do § 2º do artigo 3º da Lei nº 10.833/2003, que assim dispõe:

> *"...*
>
> § *2°* Não dará direito a crédito o valor:

I. *De mão de obra paga a pessoa física; e*

II. *Da aquisição **de bens ou serviços não sujeitos ao pagamento da contribuição**, inclusive no caso de isenção, esse* último *quando revendidos ou utilizados como insumo em produtos ou serviços sujeitos à alíquota 0 (zero), isentos ou não alcançados pela contribuição". (grifo do autor)*

O que se infere do dispositivo acima reproduzido é que os bens do Ativo Imobilizado, quando não sujeitos ao pagamento da contribuição pelo vendedor, não podem ser aproveitados na determinação de créditos pelo adquirente. Portanto, entendemos que a IN está correta.

Aliás, algumas Superintendências Regionais da Secretaria da Receita Federal já se manifestaram a respeito. Como exemplo, citamos a Solução de Consulta nº 264/2005, da 6ª Região Fiscal (Minas Gerais), que assim dispõe:

> **"SUPERINTENDÊNCIA REGIONAL DA RECEITA FEDERAL**
>
> **6ª REGIÃO FISCAL**
>
> **SOLUÇÃO DE CONSULTA Nº 264 – DE 15 DE SETEMBRO DE 2005**
>
> *ASSUNTO: Contribuição para o PIS*
>
> *EMENTA: CRÉDITOS. DEPRECIAÇÃO. Em relação às máquinas adquiridas no País até 30 de abril de 2004, incorporadas ao ativo imobilizado, utilizadas na*

> *prestação de serviços, o contribuinte pode descontar créditos calculados sobre os encargos de depreciação referentes aos fatos geradores ocorridos entre 1º de dezembro de 2002 e 31 de julho de 2004. É vedado, a partir de 31/7/04, o desconto de créditos relativos à depreciação ou amortização de bens e direitos de ativos imobilizados adquiridos até 30 de abril de 2004. Poderão ser aproveitados os créditos apurados sobre a depreciação ou amortização de bens e direitos de ativo imobilizado adquiridos a partir de 1º de maio. O direito ao desconto de créditos citados acima não se aplica ao valor decorrente da reavaliação de bens e direitos do ativo permanente. O crédito referente às contribuições poderá ser aproveitado, por opção do contribuinte, na razão de 1/48 ao mês, ou ainda poderá ter como base a depreciação em 10 anos (10% ao ano). É **vedada a utilização de créditos na hipótese de bens adquiridos usados.**" (grifo nosso)* Contudo, cabe aqui uma ressalva!

Há entendimentos no sentido de que nem todos os bens usados ficam sujeitos à vedação ao aproveitamento dos créditos. Novamente invocamos o inciso II do § 2º do artigo 3º da Lei nº 10.833/2003. Conforme vimos, esse dispositivo veda o aproveitamento de créditos *sobre bens não sujeitos ao pagamento da contribuição.*

Diante disso, a pergunta é inevitável: em que hipótese é possível o aproveitamento de crédito e em que hipótese é vedado esse aproveitamento?

Objetivamente, o aproveitamento do crédito se dará se o bem for adquirido de empresa cujo objeto social seja a venda de bens usados, porque sobre a venda desse bem incidem as contribuições.

Por sua vez, se a aquisição do bem usado for feita de empresa cujo objeto da venda (o bem) esteja registrado em seu Ativo Permanente (Atualmente, ativo Não Circulante), não haverá a possibilidade de aproveitamento do crédito, **pois sobre o valor da venda não houve a incidência da COFINS e do PIS.**

Para exemplificar, consideremos a aquisição de duas máquinas de overloque usadas por empresa do ramo de tecelagem.

A primeira foi adquirida de uma empresa cujo objeto social é a compra e venda de máquinas usadas; já a segunda foi adquirida de uma empresa concorrente (portanto, também uma tecelagem) que, ao substituir parte de seu parque industrial, pôs à venda máquinas que estavam registradas em seu Ativo Imobilizado. Diante desses dados, temos:

Objeto da transação	Vendedor	Incidiu PIS e Cofins na venda?	Haverá aproveitamento de crédito sobre a depreciação efetuada pela empresa compradora?
Máquina de overloque para o Ativo Imobilizado do adquirente	Empresa especializada na compra e venda de máquinas usadas (bem registrado no estoque)	Sim (inciso II do § 2º do Artigo 3º da Lei nº 10.833/2003)	Sim
	Empresa do ramo de tecelagem (bem registrado no Ativo Imobilizado)	Não (inciso II do § 2º Do artigo 3º da Lei nº 10.833/2003)	Não

6.3. Faturamento misto (parte da receita sujeita ao regime da não cumulatividade)

Na hipótese de a pessoa jurídica sujeitar-se à incidência não cumulativa das contribuições em relação apenas à parte de suas receitas, o crédito será apurado exclusivamente em relação aos custos, às despesas e aos encargos vinculados a essas receitas.

O crédito será determinado, a critério da pessoa jurídica, pelo método de:

a. Apropriação direta, inclusive em relação aos custos, por meio de sistema de contabilidade de custos integrada e coordenada com a escrituração; ou

b. Rateio proporcional, aplicando-se aos custos, às despesas e aos encargos comuns a relação percentual existente entre a receita bruta sujeita à incidência não cumulativa e a receita bruta total, auferidas em cada mês.

Se a empresa não possuir sistema de contabilidade de custos integrada e coordenada com a escrituração, o crédito será determinado da seguinte forma:

$$\frac{\text{Receitas sujeitas ao regime não cumulativos} \times 100}{\text{Receita total}} = \text{Percentual da receita sujeito ao regime não cumulativo}$$

Lembre-se de que o método eleito pela pessoa jurídica será aplicado consistentemente por todo o ano-calendário.

A Lei nº 10.833/2003 estabelece que o método eleito para cálculo dos créditos da COFINS não cumulativa (incidência a partir de 1º.02.2004) deve ser igualmente adotado na apuração do crédito relativo à contribuição para o PIS não cumulativo, observadas as normas a serem editadas pela Secretaria da Receita Federal.

6.3.1. Exemplo de proporcionalização da receita

Admitindo-se que a empresa em tela não possua sistema de contabilidade de custos integrada e coordenada com a escrituração, o crédito será determinado da seguinte forma (no desenvolvimento do exemplo utilizamos os dados que constam do quadro estampado no subitem 5.1):

Determinação do percentual da receita sujeita às contribuições não cumulativas:

$$\frac{R\$\ 1.100.000,00 \times 100}{R\$\ 1.375.000,00} = 80\%$$

Esse percentual apurado (80%) será utilizado para determinar o quanto de custos, despesas e encargos vinculados deve ser atribuído às receitas sujeitas às contribuições não cumulativas (ver subitem 6.3.2).

6.3.2. Exemplo de apuração do crédito

No desenvolvimento do exemplo, consideremos os seguintes dados relativos ao mês de setembro/2023 e também a proporcionalização da receita apurada no subitem 6.3.1:

Item	Base de cálculo do crédito (R$)	Valor do crédito da Cofins antes da proporcionalização (R$)	Valor do crédito do PIS antes da proporcionalização (R$)	Percentual de proporcionalização da receita	Valor do crédito de Cofins (R$)	Valor do crédito de PIS (R$)
	A	B 7,6% de A	C 1,65% de A	D	E B x D	F C x D
a) bens adquiridos para revenda no mês[1]	R$ 625.000,00	R$ 47.500,00	R$ 10.312,50	1,00	R$ 47.500,00	R$ 10.312,50
b) aluguel do depósito incorrido no mês (beneficiário pessoa jurídica)	R$ 7.250,00	R$ 551,00	R$ 119,63	0,80	R$ 440,80	R$ 95,70
c) energia elétrica consumida no mês	R$ 2.750,00	R$ 209,00	R$ 45,38	0,80	R$ 167,20	R$ 36,30
d) encargos de depreciação de edifícios	R$ 3.875,00	R$ 294,50	R$ 63,94	0,80	R$ 235,60	R$ 51,15
e) devoluções recebidas em setembro relativas às vendas efetuadas em agosto	R$ 5.000,00	R$ 380,00	R$ 82,50	1,00	R$ 380,00	R$ 82,50
Total		R$ 48.934,50	R$ 10.623,95		R$ 48.723,60	R$ 10.578,15

(1) O IPI incidente na aquisição não gera direito a crédito

6.4. Operações com imóveis

A pessoa jurídica pode utilizar créditos referentes aos custos vinculados à unidade imobiliária, construída ou em construção, a serem descontados somente a partir da data da efetivação da venda.

Considera-se efetivada ou realizada a venda de unidade imobiliária quando contratada a operação de compra e venda, ainda que mediante instrumento de promessa, carta de reserva com princípio de pagamento ou qualquer outro documento representativo de compromisso, ou quando implementada a condição suspensiva a que estiver sujeita essa venda.

A empresa pode descontar créditos, calculados em relação aos custos de bens e serviços vinculados às demais receitas auferidas, observadas as regras aqui tratadas.

É importante lembrar que as despesas com vendas, as despesas financeiras, as despesas gerais e administrativas e quaisquer outras, operacionais e não operacionais, não integram o custo dos imóveis vendidos.

6.4.1. Unidade imobiliária

Considera-se unidade imobiliária:

a. O terreno adquirido para venda, com ou sem construção;

b. Cada lote oriundo de desmembramento de terreno;

c. Cada terreno decorrente de loteamento;

d. Cada unidade distinta resultante de incorporação imobiliária; e

e. O prédio construído para venda como unidade isolada ou autônoma.

6.4.2. Outros créditos aplicáveis às pessoas jurídicas em geral

A pessoa jurídica pode, ainda, descontar créditos calculados em relação:

a. À energia elétrica consumida em seus estabelecimentos;

b. Aos aluguéis de prédios, máquinas e equipamentos, pagos a pessoa jurídica, utilizados nas atividades da empresa;

c. Ao valor das contraprestações de operações de arrendamento mercantil de pessoa jurídica;

d. Aos encargos de depreciação e amortização, incorridos no mês, de (veja **Nota** a seguir):

    d1. Bens incorporados ao Ativo Imobilizado, em relação à contribuição para o PIS, para fatos geradores ocorridos até 31.01.2004;

    d2. Máquinas, equipamentos e outros bens incorporados ao Ativo Imobilizado, adquiridos para utilização na produção de bens destinados à venda ou na prestação de serviços, em relação ao PIS, e à COFINS, a partir de 1º.02.2004 até 31.07.2004, para os bens adquiridos até 30.04.2004;

    d3. Máquinas, equipamentos e outros bens incorporados ao Ativo Imobilizado, adquiridos para utilização na produção de bens destinados à venda ou na prestação de serviços, em relação à contribuição ao PIS e à COFINS, a partir de 1º.05.2004, para os bens adquiridos a partir desta data;

    d4. Edificações e benfeitorias em imóveis de terceiros quando o custo, inclusive o de mão de obra, tenha sido suportado pela locatária, em relação à contribuição para o PIS, para fatos geradores ocorridos até 31.01.2004;

    d5. Edificações e benfeitorias em imóveis próprios ou de terceiros, realizadas até 30.04.2004, utilizados nas atividades da empresa, em relação à contribuição ao PIS e à COFINS, a partir de 1º.02.2004 até 31.07.2004;

d6. Edificações e benfeitorias em imóveis próprios ou de terceiros, realizadas a partir de 1º.05.2004, utilizados nas atividades da empresa, em relação à contribuição ao PIS e à COFINS;

e. Bens recebidos em devolução cuja receita de venda tenha integrado faturamento do mês ou de mês anterior, e tributada conforme o regime de não cumulatividade das contribuições.

> **Nota:**
>
> Opcionalmente, a empresa pode descontar o crédito mencionado na letra "d", em relação à aquisição de máquinas e equipamentos destinados ao Ativo Imobilizado, no prazo de 48, 24, 12 meses, e de forma escalonada. Veja item próprio neste capítulo.

6.4.3. Determinação dos créditos

Os créditos mencionados nos subitens 6.4 e 6.4.2 devem ser determinados mediante a aplicação das alíquotas das contribuições em foco sobre os custos e despesas incorridos no mês e sobre os bens devolvidos no mês (letra "e" do subitem 6.4.2).

Observada a pertinência do crédito, conforme explanado neste capítulo, o direito ao crédito se aplica em relação aos bens e serviços adquiridos e aos custos e despesas incorridos a partir do mês em que se iniciar a sujeição da pessoa jurídica ao regime não cumulativo das contribuições.

Importa salientar que:

a. O direito a crédito aplica-se exclusivamente em relação aos bens e serviços adquiridos de pessoa jurídica domiciliada no País (ressalvado o direito ao crédito em relação às contribuições sujeitas ao PIS – Importação e à COFINS – Importação);

b. O crédito não aproveitado em determinado mês poderá sê-lo nos meses subsequentes;

c. O valor dos créditos apurados não constitui receita bruta da pessoa jurídica. Serve somente para dedução do valor devido das contribuições.

6.4.4. Valores que não dão direito a crédito

Não dá direito a crédito o valor:

a. De mão de obra paga à pessoa física, bem assim dos encargos trabalhistas, sociais e previdenciários, e dos bens e serviços, acrescidos dos tributos incidentes na importação, adquiridos de pessoa física ou jurídica residente ou domiciliada no exterior (ressalvado o direito ao crédito em relação às contribuições sujeitas ao PIS – Importação e à COFINS – Importação);

b. Da aquisição de bens ou serviços não sujeitos ao pagamento das contribuições, inclusive no caso de isenção, esse último quando revendidos ou utilizados como insumo em produto ou serviços sujeitos à alíquota zero, isentos ou não alcançados pelas contribuições.

6.4.5. Custos orçados – Crédito presumido no caso de unidade imobiliária não concluída

Na hipótese de venda de unidade imobiliária não concluída, a pessoa jurídica pode optar pela utilização de crédito presumido em relação ao custo orçado de que trata a legislação do Imposto de Renda.

Tal opção deve ser feita:

a. Para cada empreendimento, separadamente, produzindo efeitos para todas as unidades desse empreendimento (observada a regra da letra "c");

b. Até a data em que se efetivar a venda de unidade isolada ou da primeira unidade de empreendimento que compreenda duas ou mais unidades distintas, ou ainda na data mencionada na nota (1) do subitem 6.4.5.4 adiante; e

c. Para todas as unidades do empreendimento que restarem para vender ou que tenham receitas a receber na data de mudança de regime cumulativo para não cumulativo.

> **Nota:**
> Entende-se por empreendimento o conjunto de unidades, objeto do mesmo projeto, cuja execução física seja realizada como um todo, a um só tempo.

6.4.5.1. Conceito de custo orçado

Considera-se custo orçado aquele baseado nos custos usuais para cada tipo de empreendimento imobiliário, a preços correntes de mercado na data em que a pessoa jurídica optar por ele. Corresponde à diferença entre o custo total previsto e os custos pagos, incorridos ou contratados até essa data.

Os custos pagos, incorridos, contratados e orçados, referentes a empreendimento que compreenda duas ou mais unidades, deverão ser apropriados, a cada uma delas, na data da efetivação de suas vendas ou na data mencionada na Nota (1) do subitem 6.4.5.4, mediante rateio baseado em critério usual no tipo de empreendimento imobiliário.

6.4.5.2. Ajuste do custo orçado

No cálculo do crédito presumido, o custo orçado para conclusão da obra ou melhoramento deve ser ajustado pela:

a. Adição dos custos contratados até a data da efetivação da venda da unidade imobiliária, ou até a data mencionada na Nota (1) do subitem 6.4.5.4;

b. Exclusão dos:

    b1. Valores a serem pagos a pessoa física, encargos trabalhistas, sociais e previdenciários; e

    b2. Bens e serviços, acrescidos dos tributos incidentes na importação, adquiridos de pessoa física ou jurídica residente ou domiciliada no exterior (ressalvado o direito ao crédito em relação às contribuições sujeitas ao PIS – Importação e à COFINS – Importação).

6.4.5.3. Cálculo do crédito presumido

O crédito presumido deve ser calculado mediante a aplicação da alíquota de 1,65% (PIS) e 7,6% (COFINS), sobre o valor do custo orçado para conclusão da obra ou melhoramento ajustado pela adição e pelas exclusões indicadas no subitem anterior.

O crédito sobre os custos incorridos e o crédito presumido sobre os custos orçados (subitens 6.4.5.2) deverão ser utilizados na proporção da receita relativa à venda da unidade imobiliária, à medida do recebimento.

Ocorrendo modificação do valor do custo orçado, antes do término da obra ou melhoramento, nas hipóteses previstas na legislação do Imposto de Renda, o novo valor do custo orçado deverá ser considerado a partir do mês da modificação, no cálculo dos créditos presumidos.

> **Nota:**
>
> Tratando-se de modificação do valor do custo orçado para mais, antes do término da obra ou melhoramento, as diferenças do custo orçado correspondentes à parte do preço de venda já recebida da unidade imobiliária poderão ser computadas como custo adicional do período em que se verificar a modificação do custo orçado, sem direito a qualquer atualização monetária ou juros.

6.4.5.4. Determinação da diferença entre o custo orçado e o efetivamente realizado

A pessoa jurídica que utilizar o crédito presumido de que falamos determinará, na data da conclusão da obra ou melhoramento, a diferença entre o custo orçado e o efetivamente realizado, apurados na forma da legislação do Imposto de Renda, com os ajustes indicados no subitem 6.4.5.2, observado que se o custo realizado for:

- Inferior ao custo orçado em mais de 15% deste, considerar-se-á como postergada a contribuição incidente sobre a diferença;
- Inferior ao custo orçado em até 15% deste, a contribuição incidente sobre a diferença será devida a partir da conclusão, sem acréscimos legais;
- Superior ao custo orçado, a pessoa jurídica terá direito ao crédito correspondente à diferença, no período de apuração em que ocorrer a conclusão, sem acréscimos legais.

Na ocorrência de alteração do valor do custo orçado durante a execução da obra, a diferença entre o custo realizado e o orçado deverá ser apurada ao término da obra, calculando-se o valor da diferença para cada mês em que houver ocorrido reconhecimento de receita de venda da unidade imobiliária, conforme o procedimento constante das letras "c.1" a "c.4" adiante.

Observe-se que:

a. As diferenças entre o custo orçado e o realizado devem ser, no período de apuração em que ocorrer a conclusão da obra ou melhoramento, adicionadas ou subtraídas, conforme o caso, no cálculo do crédito a ser descontado neste período de apuração;

b. Em relação à contribuição considerada postergada, devem ser recolhidos os acréscimos referentes a juros de mora e multa, de mora ou de ofício, calculados na forma da legislação que rege a cobrança das contribuições não pagas;

c. As diferenças entre o custo orçado e o realizado serão apuradas, extra contabilmente, no término da obra, mediante a aplicação, a todos os períodos de apuração em que houver ocorrido reconhecimento, sob o regime não cumulativo, de receita de venda da unidade imobiliária, do seguinte procedimento:

c1. Será calculado o custo que deveria ter sido utilizado em cada mês, tendo por base o custo realizado e as receitas recebidas da unidade imobiliária em cada período;

c2. Do valor do custo orçado efetivamente utilizado em cada mês, será deduzido o custo apurado conforme letra "c.1", encontrando-se no resultado de cada subtração, quando positivo, os valores a serem subtraídos dos custos a apropriar no período da conclusão da obra;

c3. Para o cálculo dos juros de mora e da multa de mora, ou de ofício, da contribuição considerada postergada, considerar-se-á a contribuição incidente sobre valores positivos apurados conforme a letra "c.2", e o vencimento da obrigação relativa a cada período;

c4. Os eventuais resultados negativos encontrados na operação, efetuada em cada mês conforme a letra "c.2", serão subtraídos do valor do custo orçado efetivamente utilizado no período subsequente, a ser considerado no cálculo da diferença de custo deste último período (letra "c.1");

c5. O excesso de custo realizado (diferenças negativas a que se refere a letra "c.4") não poderá ser totalmente imputado no período da conclusão do imóvel vendido enquanto houver prestações da venda a receber, devendo ser distribuído a partir do período da conclusão da obra, para fins de cálculo de créditos a descontar, na proporção das receitas a receber da venda da unidade imobiliária;

c6. Ocorrendo a conclusão da obra enquanto houver prestações da venda da unidade imobiliária a receber, e tendo havido insuficiência de custo realizado, os créditos nos períodos subsequentes em que houver reconhecimento destas receitas deverão ser calculados com base no custo realizado (sem prejuízo do ajuste feito ao término da obra conforme explanado neste subitem).

Notas:

(1) Se a venda de unidade imobiliária não concluída ocorreu antes de iniciada a apuração das contribuições, o custo orçado pôde ser calculado na data de início dessa apuração, para efeito de observância dos critérios mencionados neste subitem e no subitem 6.4.5.3, observados, quanto aos custos incorridos até esta data, os comentários pertinentes feitos nos próximos subitens.

(2) As regras mencionadas neste subitem e no subitem 6.4.5.3 não se aplicam às vendas anteriores a 04.12.2001 (data da entrada em vigor do artigo 2° da Medida Provisória n° 2.221/2001).

(3) Os créditos referentes a unidades imobiliárias recebidas em devolução, calculados com observância dos critérios mencionados neste subitem e no subitem 6.4.5.3, serão estornados na data do desfazimento do negócio.

6.4.6. Critérios aplicáveis desde 1º.01.2004

Desde 1º de janeiro de 2004, a pessoa jurídica que tenha incorrido em custos com unidade imobiliária, vendida ou não, até a data da mudança do regime de tributação adotado para fins do Imposto de Renda, pode calcular crédito presumido sobre os custos incorridos com estas unidades imobiliárias até esta data, na seguinte forma:

a. No cálculo do crédito presumido, aplica-se o percentual de 0,65% sobre o valor dos bens e dos serviços, inclusive combustíveis e lubrificantes, adquiridos de pessoas jurídicas domiciliadas no País, utilizados como insumo na construção da unidade imobiliária até o último dia do período anterior ao da mudança do regime;

b. A partir de 1º de julho de 2004, a pessoa jurídica pode também calcular crédito presumido mediante a aplicação do percentual de 1,65% sobre o valor dos bens e serviços importados a partir de 1º.05.2004, efetivamente sujeitos ao pagamento da contribuição ao PIS – Importação e utilizados como insumos na construção da unidade imobiliária até o último dia do período anterior ao da mudança do regime;

c. O valor do crédito presumido a ser utilizado está limitado à relação percentual entre o saldo credor do preço no último dia do período anterior ao da mudança do regime e o preço total de venda da unidade, e deverá ser utilizado na proporção das receitas recebidas em relação ao referido saldo credor do preço.

6.5. Aproveitamento do crédito por pessoa jurídica que passar a ser tributada com base no lucro real

A pessoa jurídica que, tributada com base no lucro presumido ou optante pelo Simples, passar a ser tributada com base no lucro real, na hipótese de sujeitar-se à incidência não cumulativa da COFINS e do PIS, terá direito ao aproveitamento do crédito presumido, calculado sobre o estoque de abertura, devidamente comprovado, na data da mudança do regime de tributação adotado para fins do Imposto de Renda.

6.5.1. Apuração do crédito

O montante do crédito presumido (que não ensejará atualização monetária ou incidência de juros) corresponde à aplicação do percentual de 3% sobre o valor do estoque, para a COFINS, e de 0,65% para o PIS.

Esse crédito pôde ser utilizado em 12 parcelas mensais, iguais e sucessivas, a partir de 1º.02.2004, para a COFINS, e, 1º.12.2002, para o PIS.

6.6. Polêmicas e questionamentos que envolvem o alargamento do conceito de insumos

Já há algum tempo tem-se discutido o alargamento do conceito de insumos para fins de aproveitamento de crédito na apuração da base de cálculo do PIS e da COFINS.

Ao longo dos últimos anos foram proferidas algumas decisões judiciais e também pelo CSRF do CARF, jogando luz ao conceito de INSUMOS, isto porque a posição do Fisco sempre foi rigorosamente restritiva.

Em abril de 2018, o Superior Tribunal de Justiça publicou acórdão em que ficou definido que, para fins de crédito de PIS e COFINS, as empresas podem considerar insumo tudo o que for essencial para o "exercício da sua atividade econômica". Além disso, deixou claro que a definição restritiva da compreensão de insumo, proposta na IN SRF 247/2002 e na IN SRF 404/2004 (ambas, à época, vigentes), efetivamente desrespeita o comando contido no art. 3º, II, da Lei 10.637/2002 e da Lei 10.833/2003, que contém rol exemplificativo.

Segue ementa do referido acórdão:

Superior Tribunal de Justiça
RECURSO ESPECIAL Nº 1.221.170 – PR
(2010/0209115-0)

RELATOR:	MINISTRO NAPOLEÃO NUNES MAIA FILHO
RECORRENTE:	ANHAMBI ALIMENTOS LTDA
ADVOGADO:	FELIPE CORDEIRO
RECORRIDO:	FAZENDA NACIONAL
ADVOGADO:	PROCURADORIA-GERAL DA FAZENDA NACIONAL

DECISÃO

Trata-se de Recurso Especial interposto por ANHAMBI ALIMENTOS LTDA., com fundamento na alínea *a* do art. 105, III da Constituição Federal, objetivando a reforma do acórdão proferido pelo egrégio TRF da 4ª Região, da lavra da Desembargadora Federal LUCIANE AMARAL CORRÊA MUNCH:

TRIBUTÁRIO. PIS E COFINS. REGIME NÃO CUMULA-TIVO. ART.

195, § 12 DA CONSTITUIÇÃO FEDERAL. LEIS

10.637/02 E 10.833/03.

INCONSTITUCIONALIDADE. NÃO OCORRÊNCIA.

1. *O regime não cumulativo das contribuições PIS e COFINS não se assemelha ao regime não cumulativo do ICMS e do IPI. Este possui disciplina constitucional, sendo de observância obrigatória, enquanto aquele foi relegado à disciplina infraconstitucional, sendo de observância facultativa, visto que incumbe ao legislador ordinário definir os setores da atividade econômica que irão sujeitar-se a tal sistemática.*

2. *Diferentemente do que ocorre no caso do ICMS e do IPI, cuja tributação pressupõe a existência de um ciclo econômico ou produtivo, operando-se a não cumulatividade por meio de um mecanismo de compensação dos valores devidos em cada operação com o montante cobrado nas operações anteriores, a incidência das contribuições PIS e COFINS pressupõe o auferimento de faturamento/receita, fato este que não se encontra ligado a uma cadeia econômica, mas à pessoa do contribuinte, operando-se a não cumulatividade por meio de técnica de arrecadação que consiste na redução da sua base de cálculo da exação, mediante a incidência sobre a totalidade das receitas auferidas pela pessoa jurídica, independentemente de sua denominação ou classificação contábil, permitidas certas deduções expressamente previstas na legislação.*

3. *As restrições ao abatimento de créditos da base de cálculo das contribuições PIS e COFINS pelo regime não cumulativo, previstas nas Leis 10.637/02 e 10.833/03, não ofendem o disposto no art. 195, § 12, da Constituição Federal.*

4. *O conceito de insumo, para fins de creditamento no regime não cumulativo das contribuições PIS e COFINS, abrange os elementos que se relacionam diretamente à atividade da empresa, com restrições.*

5. *Sentença mantida* (fls. 208/209).

6. A questão controvertida refere-se ao *conceito de insumo tal como empregado nas Leis 10.637/02 e 10.833/03 para o fim de definir o direito (ou não) ao crédito de PIS e COFINS dos valores incorridos na aquisição.*

7. Destarte, há multiplicidade de recursos relativos a essa mesma matéria, que ainda não foi apreciada sob o rito dos recursos repetitivos; assim, submeto o julgamento do feito à egrégia 1ª Seção, como recurso representativo de controvérsia, com fundamento no art. 543-C do CPC e art. 2º, § 1º, da Resolução STJ 8/2008.

8. Comunique-se esta decisão aos Ministros integrantes da 1ª Seção do STJ e aos Presidentes dos Tribunais de Justiça dos Estados e dos Tribunais Regionais Federais, para os fins previstos no citado art. 2º, § 2º, da Resolução STJ 8/2008.

9. Abra-se vista dos autos ao douto MPF para o parecer de estilo.

10. Publique-se; intimações necessárias.

Brasília/DF, 10 de abril de 2014.
NAPOLEÃO NUNES MAIA FILHO
MINISTRO RELATOR

> **Nota:**
>
> A íntegra do referido acórdão pode ser obtida em (consulta feita em 08/02/2020–15hs:00): https://stj.jusbrasil.com.br/jurisprudencia/570453384/recurso-especial-resp--1221170-pr-2010-0209115-0/inteiro-teor-570453391

Posteriormente (em outubro de 2018) a Procuradoria Geral da Fazenda Nacional publicou nota explicativa aceitando entendimento do Superior Tribunal de Justiça que havia declarado ilegais as duas instruções normativas da Receita Federal do Brasil (RFB) sobre o conceito de insumos para crédito de PIS e COFINS.

Em resumo, referida nota esclarece que tanto o procurador da Fazenda Nacional como o auditor-fiscal que atuam nos processos sobre o assunto julgado estão obrigados a adotar o conceito de insumos definido pelo STJ e as balizas contidas, mas não estão obrigados a, necessariamente, aceitar o enquadramento do item questionado como insumo.

> **Nota:**
>
> A íntegra da referida nota explicativa pode ser obtida em (consulta feita em 20.05.2019–11h04): https://www.conjur.com.br/dl/pgfn-recomenda-entendimento-stj-insumos.pdf

Faltava, no entanto, uma posição da Receita Federal do Brasil sobre o tema. Isso se deu por meio do Parecer Normativo Cosit/RFB nº 05, de 17 de dezembro de 2018.

De uma forma simplista, segundo o referido Parecer, deve ser considerado "essencial", nos termos da decisão do STJ, tudo aquilo do qual o processo produtivo dependa "intrínseca e fundamentalmente". E deve ser considerado "relevante" tudo o que for necessário, mas não indispensável, ao processo produtivo.

Exemplificando: Consideremos uma indústria alimentícia.

Ainda que não esteja diretamente ligada ao processo produtivo, a limpeza do local é **imprescindível** às atividades de uma empresa do ramo alimentício. Nesses termos, os custos para manter o ambiente limpo e para atender as exigências da vigilância sanitária são considerados imprescindíveis à produção e, portanto, podem compor a base de cálculo dos créditos.

Veja que tal conceito contrariava as INs 247/2002 e 404/2004 (ambas, à época, em vigor). Segundo referida legislação são considerados insumos, para fins de apuração de crédito da não cumulatividade da Contribuição para o PIS e da COFINS, os bens e serviços diretamente utilizados na produção de bens destinados à venda ou na prestação de serviços a terceiros.

Observa-se que o parecer deverá, obrigatoriamente, ser aplicado pela fiscalização da Receita Federal do Brasil, embora não tenha força de Lei.

Segue teor do referido parecer:

DESPACHO DE APROVAÇÃO

Aprovo o presente Parecer Normativo. Publique-se no Diário Oficial da União.

Assinatura digital

JORGE ANTONIO DEHER RACHID

Auditor-Fiscal da Receita Federal do Brasil

Secretário da Receita Federal do Brasil

PARECER NORMATIVO COSIT/RFB Nº 05, DE 17 DE DEZEMBRO DE 2018.

Assunto. Apresenta as principais repercussões no âmbito da Secretaria da Receita Federal do Brasil decorrentes da definição do conceito de insumos na legislação da Contribuição para o PIS e da COFINS estabelecida pela Primeira Seção do Superior Tribunal de Justiça no julgamento do Recurso Especial 1.221.170/PR. Ementa. CONTRIBUIÇÃO PARA O PIS. COFINS. CRÉDITOS DA NÃO CUMULATIVIDADE.

INSUMOS. DEFINIÇÃO ESTABELECIDA NO RESP 1.221.170/PR. ANÁLISE E APLICAÇÕES. Conforme estabelecido pela Primeira Seção do Superior Tribunal de Justiça no Recurso Especial 1.221.170/PR, o conceito de insumo para fins de apuração de créditos da não cumulatividade da Contribuição para o PIS e da COFINS deve ser aferido à luz dos critérios da essencialidade ou da relevância do bem ou serviço para a produção de bens destinados à venda ou para a prestação de serviços pela pessoa jurídica.

Consoante à tese acordada na decisão judicial em comento:

a. O "critério da essencialidade diz com o item do qual dependa, intrínseca e fundamentalmente, o produto ou o serviço":

   a1. "constituindo elemento estrutural e inseparável do processo produtivo ou da execução do serviço";

   a2. "ou, quando menos, a sua falta lhes prive de qualidade, quantidade e/ou suficiência";

b. Já o critério da relevância "é identificável no item cuja finalidade, embora não indispensável à elaboração do próprio produto ou à prestação do serviço, integre o processo de produção, seja":

   b1. "pelas singularidades de cada cadeia produtiva";

   b2. "por imposição legal".

> Dispositivos Legais. Lei nº 10.637, de 2002, art. 3º, inciso II; Lei nº 10.833, de 2003, art. 3º, inciso II.

CAPÍTULO 4

Relatório

1. Cuida-se de apresentar as principais repercussões no âmbito da Secretaria da Receita Federal do Brasil decorrentes do julgamento pela Primeira Seção do Superior Tribunal de Justiça do Recurso Especial 1.221.170/PR, consoante procedimento previsto para os recursos repetitivos, cujo acórdão foi publicado no Diário da Justiça Eletrônico de 24 de abril de 2018, sob a relatoria do Ministro Napoleão Nunes Maia Filho.

2. A referida decisão é vinculante para esta Secretaria da Receita Federal do Brasil em razão do disposto no art. 19 da Lei nº 10.522, de 19 de julho de 2002, na Portaria Conjunta PGFN/RFB nº 1, de 12 de fevereiro de 2014, e nos termos da Nota SEI nº 63/2018/CRJ/PGACET/PGFN-MF, exarada pela Procuradoria-Geral da Fazenda Nacional nos termos do art. 3º da referida Portaria Conjunta.

3. No acórdão em comento, a E. Corte definiu o conceito de insumos geradores de créditos da não cumulatividade da Contribuição para os Programas de Integração Social e de Formação do Patrimônio do Servidor Público (Contribuição para o PIS) e da Contribuição Social para o Financiamento da Seguridade Social (COFINS) na forma do inciso II do *caput* do art. 3º da Lei nº 10.637, de 30 de dezembro de 2002, e da Lei nº 10.833, de 29 de dezembro de 2003.

4. A edição deste Parecer Normativo mostra-se necessária porque, como se verá adiante, a aplicação concreta dos critérios definidos pela Primeira Seção do

Superior Tribunal de Justiça demanda um processo de análise que muitas vezes pode ser complexo e em alguns casos pode gerar conclusões divergentes. Neste contexto, considerando que as diversas áreas da Secretaria da Receita Federal do Brasil analisam regularmente a subsunção de milhares de itens ao conceito de insumos da legislação da Contribuição para o PIS e da COFINS (em procedimentos de fiscalização, de compensação e ressarcimento, de consulta etc.), torna-se necessária uma concretização desses critérios em relação às principais categorias de itens analisadas administrativamente.

Fundamentos

I. ANÁLISE GERAL DO CONCEITO DEFINIDO NO JULGAMENTO DO RESP 1.221.170/PR

5. Para a perfeita identificação do conceito de insumos geradores de créditos da Contribuição para o PIS e da COFINS estabelecido pelos Ministros da Primeira Seção do Superior Tribunal de Justiça é necessária análise cuidadosa da demanda em discussão, dos votos exarados pelos Ministros e do acórdão proferido.

6. Nos autos do Resp 1.221.170/PR, a recorrente, que se dedica à industrialização de produtos alimentícios, postulava em grau recursal direito de apurar créditos da Contribuição para o PIS e da COFINS na forma do inciso II do *caput* do art. 3º da Lei nº 10.637, de

2002, e da Lei nº 10.833, de 2003, em relação aos seguintes itens:

> " *'Custos Gerais de Fabricação'* (água, combustíveis, gastos com veículos, materiais de exames laboratoriais, materiais de proteção EPI, materiais de limpeza, ferramentas, seguros, viagens e conduções) e *'Despesas Gerais Comerciais' (combustíveis, comissão de vendas a representantes, gastos com veículos, viagens e conduções, fretes, prestação de serviços - PJ, promoções e propagandas, seguros, telefone, comissões)*" (conforme relatado pela Ministra Assusete Magalhães, a fls. 110 do inteiro teor do acórdão)

7. O acórdão proferido foi assim ementado:

> "TRIBUTÁRIO. PIS E COFINS. CONTRIBUIÇÕES SOCIAIS. NÃO CUMULATIVIDADE. CREDITAMENTO. CONCEITO DE INSUMOS. DEFINIÇÃO ADMINISTRATIVA PELAS INSTRUÇÕES NORMATIVAS 247/2002 E 404/2004, DA SRF, QUE TRADUZ PROPÓSITO RESTRITIVO E DESVIRTUADOR DO SEU ALCANCE LEGAL. DESCABIMENTO. DEFINIÇÃO DO CONCEITO DE INSUMOS À LUZ DOS CRITÉRIOS DA ESSENCIALIDADE OU RELEVÂNCIA. RECURSO ESPECIAL DA CONTRIBUINTE PARCIALMENTE CONHECIDO, E, NESTA EXTENSÃO, PARCIALMENTE PROVIDO, SOB O RITO DO ART. 543-C DO CPC/1973 (ARTS. 1.036 E SEGUINTES DO CPC/2015).

- Para efeito do creditamento relativo às contribuições denominadas PIS e COFINS, a definição restritiva da compreensão de insumo, proposta na IN 247/2002 e na IN 404/2004, ambas da SRF, efetivamente desrespeita o comando contido no art. 3º, II, da Lei 10.637/2002 e da Lei 10.833/2003, que contém rol exemplificativo.

- O conceito de insumo deve ser aferido à luz dos critérios da essencialidade ou relevância, vale dizer, considerando-se a imprescindibilidade ou a importância de determinado item – bem ou serviço – para o desenvolvimento da atividade econômica desempenhada pelo contribuinte.

- Recurso Especial representativo da controvérsia parcialmente conhecido e, nesta extensão, parcialmente provido, para determinar o retorno dos autos à instância de origem, a fim de que se aprecie, em cotejo com o objeto social da empresa, a possibilidade de dedução dos créditos relativos a custo e despesas com: água, combustíveis e lubrificantes, materiais e exames laboratoriais, materiais de limpeza e equipamentos de proteção individual-EPI.

- Sob o rito do art. 543-C do CPC/1973 (arts. 1.036 e seguintes do CPC/2015), assentam-se as seguintes teses: (a) é ilegal a disciplina de creditamento prevista nas Instruções Normativas da SRF 247/2002 e 404/2004, porquanto compromete a eficácia do sistema de não cumulatividade da contribuição ao PIS e da COFINS, tal como definido nas Leis 10.637/2002 e 10.833/2003; e (b) o conceito de insumo deve ser aferido à l– z dos critérios de essencialidade ou relevância, ou seja, considerando-se a imprescindibilidade ou a importância de determinado item – bem ou serviço – para o desenvolvimento da atividade econômica desempenhada pelo Contribuinte."

8. Com base na tese acordada, consoante explica o Ministro Mauro Campbell em seu segundo aditamento ao voto (fls. 143 do inteiro teor do acórdão), o recurso especial foi parcialmente provido:

   a. Sendo considerados possíveis insumos para a atividade da recorrente, devolvendo-se a análise fática ao Tribunal de origem relativamente aos seguintes itens: *"'custos' e 'despesas' com água, combustível, materiais de exames laboratoriais, materiais de limpeza e, agora, os equipamentos de proteção individual – EPI"*;

   b. Não sendo considerados insumos para a atividade da recorrente os seguintes itens: *"gastos com veículos, ferramentas, seguros, viagens, conduções, comissão de vendas a representantes, fretes (salvo na hipótese do inciso IX do art. 3° da Lei n° 10.833/03), prestações de serviços de pessoa jurídica, promoções e propagandas, telefone e comissões"*.

9. Do voto do ilustre Relator, Ministro Napoleão Nunes Maia Filho, mostram-se relevantes para este Parecer Normativo os seguintes excertos:

"39. Em resumo, Senhores Ministros, a adequada compreensão de insumo, para efeito do creditamento relativo às contribuições usualmente denominadas PIS/COFINS, deve compreender todas as despesas diretas e indiretas do contribuinte, abrangendo, portanto, as que se referem à totalidade dos insumos, não sendo possível, no nível da produção, separar o que é essencial (por ser físico, por exemplo), do que seria acidental, em termos de produto final.

40. Talvez acidentais sejam apenas certas circunstâncias do modo de ser dos seres, tais como a sua cor, o tamanho, a quantidade ou o peso das coisas, mas a essencialidade, quando se trata de produtos, possivelmente será tudo o que participa da sua formação; deste modo, penso, respeitosamente, mas com segura convicção, que a definição restritiva proposta pelas Instruções Normativas 247/2002 e 404/2004, da SRF, efetivamente não se concilia e mesmo afronta e desrespeita o comando contido no art. 3º, II, da Lei 10.637/2002 e da Lei 10.833/2003, que explicita rol exemplificativo, a meu modesto sentir'.

41. Todavia, após as ponderações sempre judiciosas da eminente Ministra REGINA HELENA COSTA, acompanho as suas razões, as quais passo a expor: (...)" (fls. 24 a 26 do inteiro teor do acórdão)

10. Por sua vez, do voto da Ministra Regina Helena Costa, que apresentou a tese acordada pela maioria dos Ministros ao final do julgamento, cumpre transcrever os seguintes trechos:

"Conforme já tive oportunidade de assinalar, ao comentar o regime da não cumulatividade no que tange aos impostos, a não cumulatividade representa autêntica aplicação do princípio constitucional da capacidade contributiva (...)

Em sendo assim, exsurge com clareza que, para a devida eficácia do sistema de não cumulatividade, é fundamental a definição do conceito de insumo (...)

Nesse cenário, penso seja possível extrair das leis disciplinadoras dessas contribuições o conceito de insumo segundo os critérios da essencialidade ou relevância, vale dizer, considerando-se a importância de determinado item – bem ou serviço – para o desenvolvimento da atividade econômica desempenhada pelo contribuinte (...)

Demarcadas tais premissas, tem-se que o critério da essencialidade diz com o item do qual dependa, intrínseca e fundamentalmente, o produto ou o serviço, constituindo elemento estrutural e inseparável do processo produtivo ou da execução do serviço, ou, quando menos, a sua falta lhes prive de qualidade, quantidade e/ou suficiência.

Por sua vez, a relevância, considerada como critério definidor de insumo, é identificável no item cuja finalidade, embora não indispensável à elaboração do próprio produto ou à prestação do serviço, integre o processo de produção, seja pelas singularidades de cada cadeia produtiva *(v.g.,* o papel da água na fabricação de fogos de artifício difere daquele desempenhado na agroindústria), seja por imposição legal *(v.g.,* equipamento de proteção individual — EPI), distanciando-se, nessa medida, da acepção de pertinência, caracterizada, nos termos propostos, pelo emprego da aquisição na produção ou na execução do serviço. Desse modo, sob essa perspectiva, o critério da relevância revela-se mais abrangente do que o da pertinência." (fls. 75, e 79 a 81 da íntegra do acórdão)

11. De outra feita, do voto original proferido pelo Ministro Mauro Campbell, é interessante apresentar os seguintes excertos:

> "Ressalta-se, ainda, que a não cumulatividade do PIS e da COFINS não tem por objetivo eliminar o ônus destas contribuições apenas no processo fabril, visto que a incidência destas exações não se limita às pessoas jurídicas industriais, mas a todas as pessoas jurídicas que aufiram receitas, inclusive prestadoras de serviços (...), o que dá maior extensão ao contexto normativo desta contribuição do que aquele atribuído ao IPI. Não se trata, portanto, de desonerar a cadeia produtiva, mas sim o processo produtivo de um determinado produtor ou a atividade-fim de determinado prestador de serviço.
>
> (...)
>
> Sendo assim, o que se extrai de nuclear da definição de "insumos" (...) é que: 1º - O bem ou

serviço tenha sido adquirido para ser utilizado na prestação do serviço ou na produção, ou para viabilizá-los (pertinência ao processo produtivo); 2º - A produção ou prestação do serviço dependa daquela aquisição (essencialidade ao processo produtivo); e 3º - Não se faz necessário o consumo do bem ou a prestação do serviço em contato direto com o produto (possibilidade de emprego indireto no processo produtivo).

Ora, se a prestação do serviço ou produção depende da própria aquisição do bem ou serviço e do seu emprego, direta ou indiretamente, na prestação do serviço ou na produção, surge daí o conceito de essencialidade do bem ou serviço para fins de receber a qualificação legal de insumo. Veja-se, não se trata da essencialidade em relação exclusiva ao produto e sua composição, mas essencialidade em relação ao próprio processo produtivo. Os combustíveis utilizados na maquinaria não são essenciais à composição do produto, mas são essenciais ao processo produtivo, pois sem eles as máquinas param. Do mesmo modo, a manutenção da maquinaria pertencente à linha de produção.

Outrossim, não basta, que o bem ou serviço tenha alguma utilidade no processo produtivo ou na prestação de serviço: é preciso que ele seja essencial. É preciso que a sua subtração importe na impossibilidade mesma da prestação do serviço ou da produção, isto é, obste a atividade da empresa, ou implique em substancial perda de qualidade do produto ou serviço daí resultante.

(...)

Em resumo, é de se definir como insumos, para efeitos do art. 3°, II, da Lei n° 10.637/2002, e art. 3°, II, da Lei n° 10.833/2003, todos aqueles bens e serviços pertinentes ao, ou que viabilizam o processo produtivo e a prestação de serviços, que neles possam ser direta ou indiretamente empregados e cuja subtração importa na impossibilidade mesma da prestação do serviço ou da produção, isto é, cuja subtração obsta a atividade da empresa, ou implica em substancial perda de qualidade do produto ou serviço daí resultantes." (fls. 50, 59, 61 e 62 do inteiro teor do acórdão)

12. Já do segundo aditamento ao voto lançado pelo Ministro Mauro Campbell, insta transcrever os seguintes trechos:

"Contudo, após ouvir atentamente ao voto da Min. Regina Helena, sensibilizei-me com a tese de que a essencialidade e a pertinência ao processo produtivo não abarcariam as situações em que há imposição legal para a aquisição dos insumos (v.g., aquisição de equipamentos de proteção individual – EPI). Nesse sentido, considero que deve aqui ser adicionado o critério da relevância para abarcar tais situações, isto porque se a empresa não adquirir determinados insumos, incidirá em infração à lei. Desse modo, incorporo ao meu as observações feitas no voto da Min. Regina Helena especificamente quanto ao ponto, realinhando o meu voto ao por ela proposto.

Observo que isso em nada infirma o meu raciocínio de aplicação do "teste de subtração", até porque o descumprimento de uma obrigação legal obsta a própria atividade da empresa como ela deveria ser regularmente exercida. Registro que o "teste de subtração" é a própria objetivação segura da tese aplicável a revelar a imprescindibilidade e a importância de determinado item – bem ou serviço – para o desenvolvimento da atividade econômica desempenhada pelo contribuinte." (fls. 141 a 143 da íntegra do acórdão)

13. De outra banda, do voto da Ministra Assusete Magalhães, interessam particularmente os seguintes excertos:

"É esclarecedor o voto da Ministra REGINA HELENA COSTA, no sentido de que o critério da relevância revela-se mais abrangente e apropriado do que o da pertinência, pois a relevância, considerada como critério definidor de insumo, é identificável no item cuja finalidade, embora não indispensável à elaboração do próprio produto ou à prestação do serviço, integre o processo de produção, seja pelas singularidades de cada cadeia produtiva (v.g., o papel da água na fabricação de fogos de artifício difere daquele desempenhado na agroindústria), seja por

> imposição legal (v.g., equipamento de proteção individual - EPI), distanciando-se, nessa medida, da acepção de pertinência, caracterizada, nos termos propostos, pelo emprego da aquisição na produção ou na execução do serviço.(...)
>
> Sendo esta a primeira oportunidade em que examino a matéria, convenci-me – pedindo vênia aos que pensam em contrário – da posição intermediária sobre o assunto, adotada pelos Ministros REGINA HELENA COSTA e MAURO CAMPBELL MARQUES, tendo o último e o Ministro NAPOLEÃO NUNES MAIA FILHO realinhado seus votos, para ajustar-se ao da Ministra REGINA HELENA COSTA." (fls. 137, 139 e 140 da íntegra do acórdão)

14. Conforme constante da ementa do acórdão, a tese central firmada pelos Ministros da Primeira Seção do Superior Tribunal de Justiça acerca da matéria em comento é que *"o conceito de insumo deve ser aferido à luz dos critérios de essencialidade ou relevância, ou seja, considerando-se a imprescindibilidade ou a importância de terminado item – bem ou serviço – para o desenvolvimento da atividade econômica desempenhada pelo contribuinte"*.

15. Neste ponto já se mostra necessário interpretar a abrangência da expressão "atividade econômica desempenhada pelo contribuinte". Conquanto essa expressão, por sua generalidade, possa fazer parecer que haveria insumos geradores de crédito da não cumulatividade das contribuições em qualquer atividade desenvolvida pela pessoa jurídica (administrativa, jurídica, contábil etc.), a verdade é que todas as discussões e conclusões buriladas pelos Ministros circunscreveram-se ao processo de produção de bens ou de prestação de serviços desenvolvidos pela pessoa jurídica.

16. Aliás, esta limitação consta expressamente do texto do inciso II do *caput* do art. 3º da Lei nº 10.637, de 2002, e da Lei nº 10.833, de 2003, que permite a apuração de créditos das contribuições em relação a *"bens e serviços, utilizados como insumo na prestação de serviços e na produção ou fabricação de bens ou produtos destinados à venda"*.

17. Das transcrições dos excertos fundamentais dos votos dos Ministros que adotaram a tese vencedora resta evidente e incontestável que somente podem ser considerados insumos itens relacionados com a produção de bens destinados à venda ou com a prestação de serviços a terceiros, o que não abarca itens que não estejam sequer indiretamente relacionados com tais atividades.

18. Deveras, essa conclusão também fica patente na análise preliminar que os Ministros acordaram acerca dos itens em relação aos quais a recorrente pretendia creditar-se. Por ser a recorrente uma indústria de alimentos, os Ministros somente consideraram passíveis de enquadramento no conceito de insumos dispêndios intrinsecamente relacionados com a industrialização ("água, combustível, materiais de exames laboratoriais, materiais de limpeza e (...) equipamentos de proteção individual – EPI"), excluindo de plano de tal conceito itens cuja utilidade não é aplicada nesta atividade (*"veículos, ferramentas,*

seguros, viagens, conduções, comissão de vendas a representantes, fretes (...), prestações de serviços de pessoa jurídica, promoções e propagandas, telefone e comissões").

19. Prosseguindo, verifica-se que a tese acordada pela maioria dos Ministros foi aquela apresentada inicialmente pela Ministra Regina Helena Costa, segundo a qual o conceito de insumos na legislação das contribuições deve ser identificado *"segundo os critérios da essencialidade ou relevância"*, explanados da seguinte maneira por ela própria (conforme transcrito acima):

a. O *"critério da essencialidade diz com o item do qual dependa, intrínseca e fundamentalmente, o produto ou o serviço"*:

    a1. *"constituindo elemento estrutural e inseparável do processo produtivo ou da execução do serviço"*;

    a2. *"ou, quando menos, a sua falta lhes prive de qualidade, quantidade e/ou suficiência"*;

b. Já o critério da relevância "é identificável no item cuja finalidade, embora não indispensável à elaboração do próprio produto ou à prestação do serviço, integre o processo de produção, seja":

    b1. *"pelas singularidades de cada cadeia produtiva"*;

    b2. *"por imposição legal".*

20. Portanto, a tese acordada afirma que são insumos bens e serviços que compõem o processo de produção de bem destinado à venda ou de prestação de serviço a terceiros, tanto os que são essenciais a tais atividades (elementos estruturais e inseparáveis do processo) quanto os que, mesmo não sendo essenciais, integram o processo por singularidades da cadeia ou por imposição legal.

21. O teste de subtração proposto pelo Ministro Mauro Campbell, segundo o qual seriam insumos bens e serviços *"cuja subtração importa na impossibilidade mesma da prestação do serviço ou da produção, isto é, cuja subtração obsta a atividade da empresa, ou implica em substancial perda de qualidade do produto ou serviço daí resultantes"* (fls. 62 do inteiro teor do acórdão), não consta da tese acordada pela maioria dos Ministros da Primeira Seção do Superior Tribunal de Justiça, malgrado possa ser utilizado como uma importante ferramenta indiciária na identificação da essencialidade ou relevância de determinado item para o processo produtivo. Vale destacar que a aplicação do aludido teste, mesmo subsidiária, deve levar em conta os comentários feitos nos parágrafos 15 a 18 quando do teste resultar a obstrução da atividade da pessoa jurídica como um todo.

22. Diante da abrangência do conceito formulado na decisão judicial em comento e da inexistência nesta de vinculação a conceitos contábeis (custos, despesas, imobilizado, intangível etc.), deve-se reconhecer esta modalidade de creditamento pela aquisição de insumos como a regra geral aplicável às atividades de produção de bens e de prestação de serviços no âmbito da não cumulatividade da Contribuição para o PIS e da COFINS, sem prejuízo das demais modalidades de creditamento estabelecidas pela legislação, que naturalmente afastam a aplicação da regra geral nas hipóteses por elas alcançadas.

23. Ademais, observa-se que talvez a maior inovação do conceito estabelecido pela Primeira Seção do Superior Tribunal de Justiça seja o fato de permitir o creditamento para insumos do processo de produção de bens destinados à venda ou de prestação de serviços, e não apenas insumos do próprio produto ou serviço comercializados, como vinha sendo interpretado pela Secretaria da Receita Federal do Brasil.

24. Nada obstante, salienta-se que o processo de produção de bens, em regra, encerra-se com a finalização das etapas produtivas do bem e que o processo de prestação de serviços geralmente se encerra com a finalização da prestação ao cliente. Consequentemente, os bens e serviços empregados posteriormente à finalização do processo de produção ou de prestação não são considerados insumos, salvo exceções justificadas, como ocorre com a exceção abordada na seção GASTOS APÓS A PRODUÇÃO relativa aos itens exigidos pela legislação para que o bem ou serviço produzidos possam ser comercializados.

25. Por outro lado, a interpretação da Primeira Seção do Superior Tribunal de Justiça acerca do conceito de insumos na legislação das contribuições afasta expressamente e por completo qualquer necessidade de contato físico, desgaste ou alteração química

do bem-insumo com o bem produzido para que se permita o creditamento, como preconizavam a Instrução Normativa SRF nº 247, de 21 de novembro de 2002, e a Instrução Normativa SRF nº 404, de 12 de março de 2004, em algumas hipóteses.

26. Também merece comentários o enquadramento como insumo do item cuja relevância advém de sua integração ao *"processo de produção (...) por imposição legal"*. Todavia, considerando a extensão dos comentários, reserva-se adiante uma seção específica para versar sobre o tema.

27. Ultimando a fixação de premissas, um ponto não abordado pelos Ministros da Primeira Seção do Superior Tribunal de Justiça, mas que resulta claro do texto do inciso II do *caput* c/c § 13 do art. 3º da Lei nº 10.833, de 2003, e é importante para o entendimento do conceito em estudo é que somente haverá insumos geradores de créditos das contribuições se o processo no qual estão inseridos efetivamente resultar em um bem destinado à venda ou em um serviço disponibilizado ou prestado a terceiros (esforço bem-sucedido). Daí conclui-se não haver insumos permissivos de creditamento em atividades que não geram tais resultados, como em pesquisas, projetos abandonados, projetos infrutíferos etc.

II. ALGUMAS APLICAÇÕES ESPECÍFICAS DO CONCEITO DEFINIDO NO RESP 1.221.170/PR

28. Como afirmado preliminarmente, este Parecer Normativo destina-se a aplicar, segundo o

entendimento desta Secretaria da Receita Federal do Brasil, o conceito de insumos da não cumulatividade da Contribuição para o PIS e da COFINS estabelecido pela Primeira Seção do Superior Tribunal de Justiça em relação às principais categorias de itens analisadas continuadamente por suas diversas áreas, dada a necessidade de segurança jurídica para agentes internos e externos a esta Secretaria e de eficiência nas inúmeras análises acerca desta matéria realizadas pelos Auditores Fiscais da Receita Federal do Brasil.

29. Sem embargo, deve-se esclarecer que os comentários feitos a seguir (inclusive os exemplos citados) analisam a subsunção de determinados itens ao conceito de insumos na legislação das contribuições estabelecido pela Primeira Seção do Superior Tribunal de Justiça, sem, contudo, perquirir sobre os demais requisitos gerais ou específicos exigidos para apuração de créditos da não cumulatividade, como aquisição em face de pessoa jurídica domiciliada no Brasil e sujeição da receita auferida pelo vendedor ao pagamento das contribuições (§§ 2º e 3º do art. 3º da Lei nº 10.637, de 2002, e da Lei nº 10.833, de 2003, respectivamente) etc.

1. PRODUÇÃO OU FABRICAÇÃO DE BENS

30. De acordo com letra do inciso II do *caput* do art. 3º da Lei nº 10.637, de 2002, e da Lei nº 10.833, de 2003, permitem a apuração de créditos das contribuições *"bens e serviços utilizados como insumo (...)*

*na produção ou fabricação de bens ou produtos des-
tinados à venda".*

31. A citação concomitante a "produção" e "fabricação"
de "bens" ou "produtos" mostra-se muito relevante na interpretação da abrangência da hipótese de
creditamento das contribuições pela aquisição de
insumos (ver também o § 13 do art. 3º da Lei nº
10.833, de 2003).

32. Conquanto os termos "produção" e "fabricação" sejam utilizados como sinônimos em algumas normas
da legislação tributária federal, no presente dispositivo diversos argumentos conduzem à conclusão
de que não são sinônimos, restando a "fabricação de
produtos" como hipótese específica e a "produção
de bens" como hipótese geral.

33. Inexoravelmente, a "fabricação de produtos" a que
alude o dispositivo em comento equivale ao conceito
e às hipóteses de industrialização firmadas na legislação do Imposto sobre Produtos Industrializados (IPI).

34. Já a "produção de bens" aludida no mencionado
dispositivo refere-se às atividades que, conquanto
não sejam consideradas industrialização, promovem a transformação material de insumo(s) em um
bem novo destinado à venda ou o desenvolvimento
de seres vivos até alcançarem condição de serem
comercializados.

35. Como exemplo de atividades que promovem a re-
união de insumos para produção de um bem novo
que não são consideradas industrialização, mas que
podem ser consideradas produção de bens para fins
de apuração de créditos das contribuições com base

no dispositivo em tela, citam-se as hipóteses de preparação de produtos alimentares não acondicionados em embalagem de apresentação mencionadas no inciso I do *caput* do art. 5º do Decreto nº 7.212, de 15 de junho de 2010 (Regulamento do IPI).

36. Obviamente, há atividades que se encontram em zona intermediária entre a mera revenda e a produção de bens e, em razão disso, oferecem dificuldades de interpretação acerca da modalidade de crédito da Contribuição para o PIS e da COFINS a ser aplicada à hipótese (aquisição de bens para revenda ou de insumos produtivos, inciso I e II do *caput* do art. 3º da Lei nº 10.637, de 2002, e da Lei nº 10.833, de 2003). Nesses casos, o enquadramento somente pode ser feito a partir da análise do caso concreto para verificação da atividade efetivamente desenvolvida.

37. Já como exemplos de atividades que promovem o desenvolvimento de seres vivos até alcançarem condição de serem comercializados podem ser citadas a agricultura, a pecuária, a piscicultura, entre outras.

38. Segundo consta dos votos de diversos Ministros participantes do julgamento em questão, um dos fundamentos para a formação da tese acordada na Primeira Seção do Superior Tribunal de Justiça acerca do conceito de insumos foi exatamente a asserção de que tal conceito influenciaria na concretização da não cumulatividade da Contribuição para o PIS e da COFINS, que representaria uma aplicação do princípio constitucional da capacidade contributiva. Daí, evidentemente padeceria de ilegalidade eventual interpretação do inciso II do *caput* do art. 3º da Lei nº 10.637, de 2002, e da Lei nº 10.833, de 2003,

que restringisse sua aplicação às atividades industriais, excluindo-se de seu alcance diversas outras atividades que promovem a produção de bens, como demonstrado acima.

39. Nesse contexto, a interpretação pugnada nesta seção (distinção de significados, para os fins deste Parecer Normativo, dos termos "produção" e "fabricação") é a única capaz de fazer contemplar na não cumulatividade das contribuições diversas atividades que não são consideradas industrialização pela legislação do Imposto sobre Produtos Industrializados (por disposição normativa ou por inadequação típica) e que também não constituem revenda de mercadorias.

2. INEXISTÊNCIA DE INSUMOS NA ATIVIDADE COMERCIAL

40. Nos termos demonstrados acima sobre o conceito definido pela Primeira Seção do Superior Tribunal de Justiça, somente há insumos geradores de créditos da não cumulatividade da Contribuição para o PIS/ PASEP e da COFINS nas atividades de produção de bens destinados à venda e de prestação de serviços a terceiros.

41. Destarte, para fins de apuração de créditos das contribuições, não há insumos na atividade de revenda de bens, notadamente porque a esta atividade foi reservada a apuração de créditos em relação aos bens adquiridos para revenda (inciso I do *caput* do art. 3º da Lei nº 10.637, de 2002, e da Lei nº 10.833, de 2003).

42. Em razão disso, exemplificativamente, não constituem insumos geradores de créditos para pessoas

jurídicas dedicadas à atividade de revenda de bens: a) combustíveis e lubrificantes utilizados em veículos próprios de entrega de mercadorias; b) transporte de mercadorias entre centros de distribuição próprios; c) embalagens para transporte das mercadorias; etc.

43. Sem embargo, cumpre frisar que, na esteira das disposições do inciso II do *caput* do art. 3º da Lei nº 10.637, de 2002, e da Lei nº 10.833, de 2003, as considerações anteriores versam sobre as "atividades" de "produção de bens ou prestação de serviços" e de "revenda de bens", e não sobre as "pessoas jurídicas" que desempenham uma ou outra atividade.

44. Assim, nada impede que uma mesma pessoa jurídica desempenhe atividades distintas concomitantes, como, por exemplo, "revenda de bens" e "produção de bens", e possa apurar créditos da não cumulatividade das contribuições na modalidade aquisição de insumos em relação a esta atividade, conquanto lhe seja vedada a apuração de tais créditos em relação àquela atividade.

3. INSUMO DO INSUMO

45. Outra discussão que merece ser elucidada neste Parecer Normativo versa sobre a possibilidade de apuração de créditos das contribuições na modalidade aquisição de insumos em relação a dispêndios necessários à produção de um bem-insumo utilizado na produção de bem destinado à venda ou na prestação de serviço a terceiros (insumo do insumo).

46. Como dito acima, uma das principais novidades plasmadas na decisão da Primeira Seção do Superior Tribunal de Justiça em testilha foi a extensão do conceito de insumos a todo o processo de produção de bens destinados à venda ou de prestação de serviços a terceiros.

47. Assim, tomando-se como referência o processo de produção como um todo, é inexorável que a permissão de creditamento retroage no processo produtivo de cada pessoa jurídica para alcançar os insumos necessários à confecção do bem-insumo utilizado na produção de bem destinado à venda ou na prestação de serviço a terceiros, beneficiando especialmente aquelas que produzem os próprios insumos (verticalização econômica). Isso porque o insumo do insumo constitui *"elemento estrutural e inseparável do processo produtivo ou da execução do serviço"*, cumprindo o critério da *essencialidade* para enquadramento no conceito de insumo.

48. Esta conclusão é especialmente importante neste Parecer Normativo porque até então, sob a premissa de que somente geravam créditos os insumos do bem destinado à venda ou do serviço prestado a terceiros, a Secretaria da Receita Federal do Brasil vinha sendo contrária à geração de créditos em relação a dispêndios efetuados em etapas prévias à produção do bem efetivamente destinado à venda ou à prestação de serviço a terceiros (insumo do insumo).

4. BENS E SERVIÇOS UTILIZADOS POR IMPOSIÇÃO LEGAL

49. Conforme relatado, os Ministros incluíram no conceito de insumos geradores de créditos da Contribuição para o PIS e da COFINS, em razão de sua relevância, os itens "cuja finalidade, embora não indispensável à elaboração do próprio produto ou à prestação do serviço, integre o processo de produção (...) por imposição legal".

50. Inicialmente, destaca-se que o item considerado relevante em razão de imposição legal no julgamento da Primeira Seção do Superior Tribunal de Justiça foram os equipamentos de proteção individual (EPIs), que constituem itens destinados a viabilizar a atuação da mão de obra e que, nos autos do AgRg no REsp 1281990/SC (Relator Ministro Benedito Gonçalves, julgamento em 05/08/2014), não foram considerados essenciais à atividade de uma pessoa jurídica prestadora de serviços de mão de obra, e, consequentemente, não foram considerados insumos pela Primeira Turma do Superior Tribunal de Justiça.

51. Daí se constata que a inclusão dos itens exigidos da pessoa jurídica pela legislação no conceito de insumos deveu-se mais a uma visão conglobante do sistema normativo do que à verificação de essencialidade ou pertinência de tais itens ao processo de produção de bens ou de prestação de serviços por ela protagonizado. Aliás, consoante exposto pelo Ministro Mauro Campbell Marques em seu segundo aditamento ao voto (que justamente modificou seu voto original para incluir no conceito de insumos os EPIs) e pela Ministra Assusete Magalhães, o critério da relevância (que engloba os bens ou serviços exigidos pela legislação) difere do critério da pertinência e é mais amplo que este.

52. Nada obstante, nem mesmo em relação aos itens impostos à pessoa jurídica pela legislação se afasta a exigência de que sejam utilizados no processo de produção de bens ou de prestação de serviços para que possam ser considerados insumos para fins de creditamento das contribuições, pois esta exigência se encontra na noção mais elementar do conceito de insumo e foi reiterada diversas vezes nos votos dos Ministros da Primeira Seção do Superior Tribunal de Justiça colacionados acima.

53. São exemplos de itens utilizados no processo de produção de bens ou de prestação de serviços pela pessoa jurídica por exigência da legislação que podem ser considerados insumos para fins de creditamento da Contribuição para o PIS e da COFINS: a) no caso de indústrias, os testes de qualidade de produtos produzidos exigidos pela legislação; b) tratamento de efluentes do processo produtivo exigido pela legislação c) no caso de produtores rurais, as vacinas aplicadas em seus rebanhos exigidas pela legislação etc.

54. Por outro lado, não podem ser considerados para fins de creditamento das contribuições: a) itens exigidos pela legislação relativos à pessoa jurídica como um todo, como alvarás de funcionamento etc.; b) itens relativos a atividades diversas da produção de bens ou prestação de serviços.

5. GASTOS POSTERIORES À FINALIZAÇÃO DO PROCESSO DE PRODUÇÃO OU DE PRESTAÇÃO

55. Conforme salientado acima, em consonância com a literalidade do inciso II do *caput* do art. 3º da Lei nº 10.637, de 2002, e da Lei nº 10.833, de 2003, e nos termos decididos pela Primeira Seção do Superior Tribunal de Justiça, em regra somente podem ser considerados insumos para fins de apuração de créditos da Contribuição para o PIS e da COFINS bens e serviços utilizados pela pessoa jurídica no processo de produção de bens e de prestação de serviços, excluindo-se do conceito os dispêndios realizados após a finalização do aludido processo, salvo exceções justificadas.

56. Destarte, exemplificativamente não podem ser considerados insumos gastos com transporte (frete) de produtos acabados (mercadorias) de produção própria entre estabelecimentos da pessoa jurídica, para centros de distribuição ou para entrega direta ao adquirente, como: a) combustíveis utilizados em frota própria de veículos; b) embalagens para transporte de mercadorias acabadas; c) contratação de transportadoras.

57. Nada obstante, deve-se salientar que, por vezes, a legislação específica de alguns setores exige a adoção pelas pessoas jurídicas de medidas posteriores à finalização da produção do bem e anteriores a sua efetiva disponibilização à venda, como ocorre no caso de exigência de testes de qualidade a serem realizados por terceiros (por exemplo, o Instituto Nacional de Metrologia, Qualidade e Tecnologia

– INMETRO), aposição de selos, lacres, marcas etc., pela própria pessoa jurídica ou por terceiro.

58. Nesses casos, considerando o quanto comentado na seção anterior acerca da ampliação do conceito de insumos na legislação das contribuições efetuada pela Primeira Seção do Superior Tribunal de Justiça em relação aos bens e serviços exigidos da pessoa jurídica pela legislação específica de sua área de atuação, conclui-se que tais itens são considerados insumos desde que sejam exigidos para que o bem ou serviço possa ser disponibilizado à venda ou à prestação.

59. Assim, conclui-se que, em regra, somente são considerados insumos bens e serviços utilizados pela pessoa jurídica durante o processo de produção de bens ou de prestação de serviços, excluindo-se de tal conceito os itens utilizados após a finalização do produto para venda ou a prestação do serviço. Todavia, no caso de bens e serviços que a legislação específica exige que a pessoa jurídica utilize em suas atividades, a permissão de creditamento pela aquisição de insumos estende-se aos itens exigidos para que o bem produzido ou o serviço prestado possa ser disponibilizado para venda, ainda que já esteja finalizada a produção ou prestação.

60. Nesses termos, como exemplo da regra geral de vedação de creditamento em relação a bens ou serviços utilizados após a finalização da produção do bem ou da prestação do serviço, citam-se os dispêndios da pessoa jurídica relacionados à garantia de adequação do produto vendido ou do serviço prestado. Deveras, essa vedação de creditamento incide mesmo que a garantia de adequação seja exigida por legislação

específica, vez que a circunstância geradora dos dispêndios ocorre após a venda do produto ou a prestação do serviço.

61. Diferentemente, exemplificando a regra específica relativa a bens e serviços exigidos por legislação específica, cita-se o caso abordado na Solução de Consulta Cosit nº 12, de 26 de março de 2008 (ementa publicada no Diário Oficial da União de 22/4/2008), na qual se analisou caso concreto em que o Ministério da Agricultura, Pecuária e Abastecimento exigia que pessoas jurídicas produtoras de vacinas de uso veterinário levassem o produto já finalizado até estabelecimento específico localizado em uma única cidade do país para receberem selo de qualidade e só então poderem ser comercializadas. Aplicando-se as disposições deste Parecer Normativo à espécie, concluir-se-ia que: a) os dispêndios da pessoa jurídica com a realização dos testes, compra e instalação dos selos permitiriam a apuração de créditos das contribuições na modalidade aquisição de insumos, visto serem exigidos pela legislação específica para que o produto possa ser comercializado; b) os dispêndios da pessoa jurídica com o transporte do produto até o local de realização dos testes também se enquadrariam na modalidade de creditamento em voga, pois se trata de item absolutamente necessário para que se possa cumprir a exigência de instalação dos selos.

CAPÍTULO 4

6. DOS CUSTOS DE PRODUÇÃO DE BENS E DE PRESTA-ÇÃO DE SERVIÇOS E DAS DESPESAS

62. Evidentemente, a Primeira Seção do Superior Tribunal de Justiça não restringiu suas conclusões sobre o conceito de insumos geradores de créditos das contribuições a conceitos contábeis como custos, despesas, imobilizado, intangível etc. Entretanto, é necessária uma análise acerca da interseção entre tal conceito e alguns conceitos contábeis porque, a uma, a legislação tributária federal utiliza-os em diversas definições e, a duas, a Secretaria da Receita Federal do Brasil se vale da contabilidade para acompanhar o cumprimento das obrigações tributárias por parte dos sujeitos passivos.

63. Inicialmente, analisa-se a interseção entre o conceito de insumos firmado na decisão em comento e os custos de produção de bens e de prestação de serviços para efeitos do custeio por absorção exigido pela legislação do Imposto sobre a Renda das Pessoas Jurídicas (IRPJ).

64. Obviamente, considerando que a Primeira Seção do Superior Tribunal de Justiça fixou critérios próprios para a identificação de insumos que permitem a apuração de créditos da não cumulatividade da Contribuição para o PIS e da COFINS, é certo que o conceito de insumos não se confunde com o conceito de custos de produção.

65. Nada obstante, é nítida a conexão entre a norma estabelecida pela alínea "a" do § 1º do art. 13 do Decreto-Lei nº 1.598, de 26 de dezembro de 1977 ("*custo de produção dos bens ou serviços vendidos (...) quaisquer* *outros bens ou serviços aplicados ou consumidos na produção"*), e a norma fixada pelo inciso II do *caput* do art. 3º da Lei nº 10.637, de 2002, e da Lei nº 10.833, de 2003 (*"bens e serviços, utilizados como insumo na prestação de serviços e na produção ou fabricação de bens ou produtos destinados à venda"*).

66. Daí, mostra-se evidente que a relação entre os custos de produção e o conceito de insumos estabelecido pela Primeira Seção do Superior Tribunal de Justiça é muito próxima, de maneira que a caracterização do item como custo serve de indício forte para sua caracterização como insumo.

67. Prosseguindo na análise da interseção entre conceitos contábeis e o conceito de insumos, se de um lado este não se confunde com o de custos de produção, por outro lado até mesmo algumas despesas podem nele se enquadrar (o termo *despesa* aqui foi utilizado em contraponto a *custo*, como terminologia usual na contabilidade de custos, e não em sua acepção mais ampla utilizada na contabilidade geral).

68. Deveras, dadas as próprias definições de custo e despesa firmadas pela contabilidade de custos, são raras as hipóteses em que um item classificado como despesa (não custo) poderá cumprir os requisitos para se enquadrar como insumo (relação de essencialidade ou relevância com a produção de bens destinados à venda ou à prestação de serviços). Entretanto, em tese, há a possibilidade.

69. Sem embargo, pode-se afirmar de plano que as despesas da pessoa jurídica com atividades diversas da produção de bens e da prestação de serviços não representam aquisição de insumos geradores de créditos das contribuições, como ocorre com as despesas havidas nos setores administrativo, contábil, jurídico etc., da pessoa jurídica.

7. INSUMOS E ATIVO IMOBILIZADO

70. Como cediço, o art. 3º da Lei nº 10.637, de 2002, e da Lei nº 10.833, de 2003, prevê ao lado da modalidade de creditamento em relação à aquisição de insumos (inciso II) a modalidade de creditamento em relação à aquisição ou construção de ativo imobilizado (inciso VI).

71. As duas referidas modalidades de creditamento diferem substancialmente porque a apuração de créditos relativos à aquisição de insumos ocorre com base no valor mensal das aquisições e a apuração referente ao ativo imobilizado ocorre, como regra, com base no valor mensal dos encargos de depreciação ou de amortização do ativo (atualmente essa regra está bastante relativizada pelo creditamento imediato permitido pelo art. 1º da Lei nº 11.774, de 17 de setembro de 2008, mas ainda permanece a regra geral da modalidade).

72. Conforme estabelece o § 2º do art. 183 da Lei nº 6.404, de 15 de dezembro de 1976, "*a diminuição do valor dos elementos dos ativos imobilizado e intangível será registrada periodicamente nas contas de*" depreciação, amortização ou exaustão.

73. Quanto aos bens do ativo imobilizado que sofrem depreciação, o inciso III do § 1º do art. 3º da Lei nº 10.637, de 2002, e da Lei nº 10.833, de 2003, permite expressamente a apuração de créditos da Contribuição para o PIS e da COFINS na modalidade realização de ativo imobilizado (inciso VI do citado art. 3º) com base nos encargos respectivos.

74. Já quanto aos bens do ativo imobilizado que sofrem exaustão, a legislação das contribuições não estabelece a possibilidade de apuração de créditos da não cumulatividade com base nos encargos contábeis decorrentes de sua realização.

75. Considerando a falta de previsão legal para apuração de créditos das contribuições com base em encargos de exaustão e o conceito restritivo de insumo que adotava, a Secretaria da Receita Federal do Brasil sempre considerou que os bens e serviços cujos custos de aquisição devem ser incorporados ao valor de determinado bem componente do ativo imobilizado da pessoa jurídica sujeito à exaustão não permitiriam a apuração de créditos: a) tanto na modalidade aquisição de insumos (pois tais dispêndios deveriam ser ativados para posterior realização, o que afastaria a aplicação desta modalidade de creditamento); b) quanto na modalidade realização de ativo imobilizado (por falta de previsão legal para creditamento em relação a encargos de exaustão).

76. Contudo, como salientado nas considerações gerais desta fundamentação, o conceito de insumos definido pela Primeira Seção do Superior Tribunal de Justiça não restringiu suas disposições a conceitos contábeis e reconheceu a modalidade de creditamento pela aquisição de insumos como regra geral aplicável às atividades de produção de bens e de prestação de serviços no âmbito da não cumulatividade da Contribuição para o PIS e da COFINS, ao passo que as demais modalidades de creditamento previstas somente afastam a aplicação da regra geral nas hipóteses por elas alcançadas. Dito de outro modo, se o dispêndio efetuado pela pessoa jurídica não se enquadra em nenhuma outra modalidade específica de apuração de créditos da não cumulatividade das contribuições, ele permitirá o creditamento caso se enquadre na definição de insumos e não haja qualquer vedação legal, independentemente das regras contábeis aplicáveis ao dispêndio.

77. Como decorrência imediata, conclui-se acerca da interseção entre insumos e ativo imobilizado que, em conformidade com regras contábeis ou tributárias, os bens e serviços cujos custos de aquisição devem ser incorporados ao ativo imobilizado da pessoa jurídica (por si mesmos ou por aglutinação ao valor de outro bem) permitem a apuração de créditos das contribuições nas seguintes modalidades, desde que cumpridos os demais requisitos:

   a. Exclusivamente com base na modalidade estabelecida pelo inciso VI do art. 3º da Lei nº 10.637, de 2002, e da Lei nº 10.833, de 2003 (aquisição, construção ou realização de ativo imobilizado), se tais bens estiverem sujeitos a depreciação;

   b. Com base na modalidade estabelecida pelo inciso II do *caput* do art. 3º da Lei nº 10.637, de 2002, e da Lei nº 10.833, de 2003 (aquisição de insumo), se tais bens estiverem sujeitos a exaustão.

78. Exemplificando essa dicotomia: a) no caso de pessoa jurídica industrial, os dispêndios com serviço de manutenção de uma máquina produtiva da pessoa jurídica que enseja aumento de vida útil da máquina superior a 1 (um) ano (essa regra será detalhada adiante) não permitem a apuração de créditos das contribuições na modalidade aquisição de insumos, pois tais gastos devem ser capitalizados no valor da máquina, que posteriormente sofrerá depreciação e os encargos respectivos permitirão a apuração de créditos na modalidade realização de ativo imobilizado (salvo aplicação de regra específica); b) no caso de pessoa jurídica que explora a extração de florestas, os dispêndios com a plantação de floresta sujeita a exaustão permitirão a apuração de créditos das contribuições na modalidade aquisição de insumos e os encargos de exaustão não permitirão a apuração de qualquer crédito.

79. Em algumas hipóteses, a legislação do Imposto sobre a Renda das Pessoas Jurídicas permite à pessoa jurídica escolher entre incorporar o dispêndio ao imobilizado para posterior realização ou deduzi-lo imediatamente no período como custo ou despesa. Deveras, por decorrência lógica, se a pessoa jurídica optar pela dedução imediata, a modalidade de crédito da Contribuição para o PIS e da COFINS aplicável será a aquisição de insumos; mas se optar pela incorporação ao ativo imobilizado, a modalidade aplicável

será determinada conforme elucidado no parágrafo anterior.

80. Apresentada essa explanação acerca da interseção entre insumos e ativos incorporados ao imobilizado nas modalidades de crédito das contribuições em comento, cumpre analisar algumas questões específicas que envolvem a matéria.

7.1. MANUTENÇÃO PERIÓDICA E SUBSTITUIÇÃO DE PARTES DE ATIVOS IMOBILIZADOS

81. Questão importantíssima a ser analisada, dada a grandeza dos valores envolvidos, versa sobre o tratamento conferido aos dispêndios com manutenção periódica dos ativos produtivos da pessoa jurídica, entendendo-se esta como esforços para que se mantenha o ativo em funcionamento, o que abrange, entre outras: a) aquisição e instalação no ativo produtivo de peças de reposição de itens consumíveis (ordinariamente se desgastam com o funcionamento do ativo); b) contratação de serviços de reparo do ativo produtivo (conserto, restauração, recondicionamento etc.) perante outras pessoas jurídicas, com ou sem fornecimento de bens.

82. Consoante dispõe o art. 48 da Lei nº 4.506, de 30 de novembro de 1964:

> "Art. 48. Serão admitidas como custos ou despesas operacionais as despesas com reparos e conservação corrente de bens e instalações destinadas a mantê-los em condições eficientes de operação.

Parágrafo único. Se dos reparos, da conservação ou da substituição de partes resultar aumento da vida útil prevista no ato de aquisição do respectivo bem, as despesas correspondentes, quando aquele aumento for superior a um ano, deverão ser capitalizadas, a fim de servirem de base a depreciações futuras."

83. Portanto, a legislação do Imposto sobre a Renda das Pessoas Jurídicas estabelece que os dispêndios com reparos, conservação ou substituição de partes de bens e instalações do ativo imobilizado da pessoa jurídica: a) podem ser deduzidos diretamente como custo do período de apuração caso da operação não resulte aumento de vida útil do bem manutenido superior a um ano; b) devem ser capitalizadas no valor do bem manutenido (incorporação ao ativo imobilizado) caso da operação resulte aumento de vida útil do bem manutenido superior a um ano.

84. Como visto acima, a incorporação ou não ao ativo imobilizado determina as regras a serem aplicadas para definição da modalidade de creditamento da não cumulatividade das contribuições aplicável (inciso II ou VI do art. 3º da Lei nº 10.637, de 2002, e da Lei nº 10.833, de 2003). Neste Parecer Normativo são discutidos apenas os dispêndios que permitem a apuração de créditos das contribuições na modalidade aquisição de insumos (inciso II do *caput* do art. 3º da Lei nº 10.637, de 2002, e da Lei nº 10.833, de 2003).

85. Desde há muito a Secretaria da Receita Federal do Brasil tem considerado que os bens e serviços utilizados na manutenção de bens do ativo imobilizado

diretamente responsáveis pelo processo de produção de bens destinados à venda ou de prestação de serviços a terceiros podem ser considerados insumos, mesmo enquanto vigentes as disposições restritivas ao conceito de insumos da Instrução Normativa SRF nº 247, de 2002, e da Instrução Normativa SRF nº 404, de 2004, vergastadas pela Primeira Seção do Superior Tribunal de Justiça no julgamento em tela.

86. E isso com base em diversos argumentos, destacando-se o paralelismo de funções entre os combustíveis (os quais são expressamente considerados insumos pelo inciso II do *caput* do art. 3º da Lei nº 10.637, de 2002, e da Lei nº 10.833, de 2003) e os bens e serviços de manutenção, pois todos se destinam a viabilizar o funcionamento ordinário dos ativos produtivos.

87. Perceba-se que, em razão de sua interpretação restritiva acerca do conceito de insumos, esta Secretaria da Receita Federal do Brasil somente considerava insumos geradores de créditos das contribuições os bens e serviços utilizados na manutenção dos ativos diretamente responsáveis pela produção dos bens efetivamente vendidos ou pela prestação dos serviços prestados a terceiros.

88. Ocorre que, conforme demonstrado acima, a aludida decisão judicial passou a considerar que há insumos para fins da legislação das contribuições em qualquer etapa do processo de produção de bens destinados à venda e de prestação de serviços, e não somente na etapa-fim deste processo, como defendia a esta Secretaria.

89. Assim, impende reconhecer que são considerados insumos geradores de créditos das contribuições os bens e serviços adquiridos e utilizados na manutenção de bens do ativo imobilizado da pessoa jurídica responsáveis por qualquer etapa do processo de produção de bens destinados à venda e de prestação de serviço. Portanto, também são insumos os bens e serviços utilizados na manutenção de ativos responsáveis pela produção do insumo utilizado na produção dos bens e serviços finais destinados à venda (insumo do insumo).

7.2. BENS DE PEQUENO VALOR OU DE VIDA ÚTIL INFERIOR A UM ANO

90. Uma questão próxima da manutenção de ativos tratada na seção anterior, mas distinta desta, diz respeito a alguns itens que por motivos diversos não são incorporados ao ativo imobilizado da pessoa jurídica, mas são utilizados em seu dia a dia.

91. A esse respeito, interessa salientar as disposições do art. 15 do Decreto-Lei nº 1.598, de 1977: *"Art. 15. O custo de aquisição de bens do ativo não circulante imobilizado e intangível não poderá ser deduzido como despesa operacional, salvo se o bem adquirido tiver valor unitário não superior a R$ 1.200,00 (mil e duzentos reais) ou prazo de vida útil não superior a 1 (um) ano. (Redação dada pela Lei nº 12.973, de 2014)".*

92. Portanto, para fins da legislação do Imposto sobre a Renda das Pessoas Jurídicas (e, consequentemente, também para a legislação da Contribuição para o

PIS e da COFINS) podem ser diretamente deduzidos como despesa (não precisam ser imobilizados) os bens que apresentarem *"valor unitário não superior a R$ 1.200,00 (mil e duzentos reais) ou prazo de vida útil não superior a 1 (um) ano"*.

93. São exemplos de bens que geralmente se enquadram na presente seção: a) moldes ou modelos; b) ferramentas e utensílios; c) itens consumidos em ferramentas, como brocas, bicos, pontas, rebolos, pastilhas, discos de corte e de desbaste, materiais para soldadura, oxigênio, acetileno, dióxido de carbono etc.

94. Quanto aos moldes ou modelos utilizados para dar a forma desejada ao produto produzido, é inegável sua essencialidade ao processo produtivo, constituindo insumo gerador de crédito das contribuições, desde que não estejam contabilizados no ativo imobilizado da pessoa jurídica, conforme regras apresentadas nesta seção.

95. Quanto às ferramentas, restou decidido na decisão da Primeira Seção do Superior Tribunal de Justiça em testilha que não se amoldam ao conceito de insumos para fins da legislação das contribuições, podendo-se razoavelmente estender a mesma negativa aos itens consumidos no funcionamento das ferramentas.

96. Acerca da subsunção de outros itens de pequeno valor e de vida útil inferior a um ano ao conceito de insumos, não há como fugir de relegar a questão à análise casuística, com base nos detalhes do caso concreto.

7.3. INSPEÇÕES REGULARES

97. Acerca do tratamento a ser conferido aos dispêndios com inspeções regulares de bens da pessoa jurídica para fins de creditamento da Contribuição para o PIS e da COFINS, é relevante salientar que o item 14 da NBC TG 27 (R3) – Ativo Imobilizado, do Conselho Federal de Contabilidade, exige que o valor gasto com determinadas inspeções em alguns ativos seja *"reconhecido no valor contábil do item do ativo imobilizado como uma substituição"*, o que atrairia para a hipótese toda a discussão realizada na parte introdutória desta seção.

7.4. PRODUTOS E SERVIÇOS DE LIMPEZA, DESINFECÇÃO E DEDETIZAÇÃO DE ATIVOS PRODUTIVOS

98. Como relatado, na presente decisão da Primeira Seção do Superior Tribunal de Justiça, os Ministros consideraram elegíveis ao conceito de insumos os "materiais de limpeza" descritos pela recorrente como "gastos gerais de fabricação" de produtos alimentícios.

99. Aliás, também no REsp 1246317 / MG, DJe de 29/06/2015, sob relatoria do Ministro Mauro Campbell Marques, foram considerados insumos geradores de créditos das contribuições em tela *"os materiais de limpeza e desinfecção, bem como os serviços de dedetização quando aplicados no ambiente produtivo de empresa fabricante de gêneros alimentícios"*.

CAPÍTULO 4

100. Malgrado os julgamentos citados refiram-se apenas a pessoas jurídicas dedicadas à industrialização de alimentos (ramo no qual a higiene sobressai em importância), parece bastante razoável entender que os materiais e serviços de limpeza, desinfecção e dedetização de ativos utilizados pela pessoa jurídica na produção de bens ou na prestação de serviços podem ser considerados insumos geradores de créditos das contribuições.

101. Isso porque, à semelhança dos materiais e serviços de manutenção de ativos, trata-se de itens destinados a viabilizar o funcionamento ordinário dos ativos produtivos (paralelismo de funções com os combustíveis, que são expressamente considerados insumos pela legislação) e bem assim porque em algumas atividades sua falta implica substancial perda de qualidade do produto ou serviço disponibilizado, como na produção de alimentos, nos serviços de saúde etc.

8. INSUMOS E ATIVO INTANGÍVEL

102. A partir da Lei nº 12.973, de 13 de maio de 2014, que promoveu profundas alterações na legislação tributária federal para adaptá-la aos novos métodos e critérios contábeis introduzidos pela Lei nº 11.638, de 28 de dezembro de 2007, a modalidade de creditamento da Contribuição para o PIS e da COFINS pela aquisição ou construção de bens do ativo imobilizado (inciso VI do art. 3º da Lei nº 10.637, de 2002, e da Lei nº 10.833, de 2003), passou a alcançar apenas os *"bens corpóreos destinados à manutenção das ativi-dades"* da pessoa jurídica (seguindo a regra do inciso IV do art. 179 da Lei nº 6.404, de 1976) e foi instituída uma nova modalidade de creditamento das contri-buições referente a bens incorpóreos *"incorporados ao ativo intangível, adquiridos para utilização na produção de bens destinados a venda ou na prestação de serviços"*, cuja apropriação de valores ocorre com base nos encargos mensais de amortização (inciso XI do *caput* c/c inciso III do § 1º do art. 3º da Lei nº 10.637, de 2002, e da Lei nº 10.833, de 2003, seguindo a regra do inciso VI do art. 179 da Lei nº 6.404, de 1976).

103. Perceba-se que a hipótese de creditamento instituí-da pelo inciso XI do *caput* do art. 3º da Lei nº 10.637, de 2002, e da Lei nº 10.833, de 2003, alcança apenas os ativos intangíveis já concluídos adquiridos pela pessoa jurídica, excluindo-se desta modalidade os dispêndios com o desenvolvimento próprio de ativos intangíveis.

104. Assim como ocorria em relação aos ativos imobiliza-dos sujeitos a exaustão (ver seção sobre o ativo imo-bilizado), a Secretaria da Receita Federal do Brasil entendia acerca dos dispêndios com o desenvolvi-mento interno de ativos intangíveis que seria vedada a apuração de créditos das contribuições em razão de não se enquadrarem na modalidade específica de creditamento a eles reservada e em face do conceito restritivo de insumos que adotava anteriormente à decisão judicial em estudo.

105. Entretanto, consoante conclusão entabulada na discussão acima sobre ativos imobilizados sujeitos

a exaustão, a apuração de créditos na modalidade aquisição de insumos é a regra geral de creditamento aplicável às atividades de produção de bens e de prestação de serviços no âmbito da não cumulatividade das contribuições e, consequentemente, se o dispêndio efetuado pela pessoa jurídica não se enquadrar em nenhuma outra modalidade específica de creditamento, ele permitirá a apuração de créditos das contribuições caso se enquadre na definição de insumos e não haja qualquer vedação legal, independentemente das regras contábeis aplicáveis ao dispêndio.

106. Daí, conclui-se que bens e serviços utilizados pela pessoa jurídica no desenvolvimento interno de ativos imobilizados podem estar contidos no conceito de insumos e permitir a apuração de créditos das contribuições, desde que preenchidos os requisitos cabíveis e inexistam vedações.

107. Explanada a interseção entre insumos e ativo intangível nas regras sobre apuração de créditos da não cumulatividade das contribuições em voga, analisam-se algumas questões específicas que envolvem a matéria.

8.1. PESQUISA E DESENVOLVIMENTO

108. As normas contábeis atuais distinguem as fases de pesquisa e de desenvolvimento de ativos intangíveis gerados internamente à pessoa jurídica (ver itens 51 a 64 do NBC TG 04 (R3) – Ativo Intangível, do Conselho Federal de Contabilidade).

109. A fase de pesquisa é marcada por esforços da pessoa jurídica na busca de novos conhecimentos acerca de determinado tema de interesse. Acerca dessa fase mostra-se interessante salientar algumas disposições da citada NBC TG 04 (R3) – Ativo Intangível, do Conselho Federal de Contabilidade:

> "55. Durante a fase de pesquisa de projeto interno, a entidade não está apta a demonstrar a existência de ativo intangível que gerará prováveis benefícios econômicos futuros. Portanto, tais gastos devem ser reconhecidos como despesa quando incorridos.
>
> 56. São exemplos de atividades de pesquisa:(a) atividades destinadas à obtenção de novo conhecimento; (b) busca, avaliação e seleção final das aplicações dos resultados de pesquisa ou outros conhecimentos; (c) busca de alternativas para materiais, dispositivos, produtos, processos, sistemas ou serviços; e (d) formulação, projeto, avaliação e seleção final de alternativas possíveis para materiais, dispositivos, produtos, processos, sistemas ou serviços novos ou aperfeiçoados."

110. Nesses termos, evidentemente, os dispêndios da pessoa jurídica com pesquisa não podem ser considerados insumos para fins de créditos da legislação das contribuições porque não guardam qualquer relação com o processo de produção de bens ou de prestação de serviços.

111. Por sua vez, a fase de desenvolvimento é aquela em que a pessoa jurídica efetivamente concentra seus esforços na construção de um ativo intangível cuja conclusão se mostra viável técnica e financeiramente e cuja exploração mediante uso interno ou venda se mostra possível e vantajosa, consoante as rígidas regras contábeis para reconhecimento de um ativo intangível em construção (item 57 da NBC TG 04 (R3), do CFC).

112. Segundo o item 59 da mesma NBC TG 04 (R3) – Ativo Intangível, do Conselho Federal de Contabilidade *"São exemplos de atividades de desenvolvimento: (a) projeto, construção e teste de protótipos e modelos pré-produção ou pré-utilização; (b) projeto de ferramentas, gabaritos, moldes e matrizes que envolvam nova tecnologia; (c) projeto, construção e operação de fábrica-piloto, desde que já não esteja em escala economicamente viável para produção comercial; e (d) projeto, construção e teste da alternativa escolhida de materiais, dispositivos, produtos, processos, sistemas e serviços novos ou aperfeiçoados".*

113. Observa-se que os dispêndios com desenvolvimento podem objetivar a conclusão de novos ativos de uso interno (materiais, dispositivos, processos, sistemas, ferramentas, moldes etc.) ou de ativos para venda (produtos ou serviços).

114. Nesse contexto, considerando o conceito de insumo estabelecido pela Primeira Seção do Superior Tribunal de Justiça explanado neste Parecer Normativo, conclui-se que somente podem ser considerados insumos para fins de apuração de créditos da Contribuição para o PIS e da COFINS os dispêndios da pessoa jurídica ocorridos após o

reconhecimento formal e documentado do início da fase de desenvolvimento de um ativo intangível que efetivamente resulte em:

a. Um insumo utilizado no processo de produção de bens destinados à venda ou de prestação de serviços (exemplificativamente, um novo processo de produção de bem);

b. Produto destinado à venda ou serviço prestado a terceiros.

115. Isso porque nesses casos há um esforço bem-sucedido e os resultados gerados pelo desenvolvimento do ativo intangível (insumo do processo de produção ou de prestação ou o próprio produto ou serviço vendidos) se tornam essenciais à produção do bem vendido ou à prestação do serviço, já que passam a constituir *"elemento estrutural e inseparável do processo"* ou sua falta os priva de *"qualidade, quantidade e/ou suficiência"* (ver a análise geral sobre o conceito firmado na decisão judicial em comento).

116. Diferentemente, os dispêndios com desenvolvimento de ativos intangíveis que não chegam a ser concluídos (esforço malsucedido) ou que sejam concluídos e explorados em áreas diversas da produção de bens e da prestação de serviços não são considerados insumos que permitem a apuração de créditos das contribuições.

8.2. PESQUISA E PROSPECÇÃO DE RECURSOS MINE-RAIS E ENERGÉTICOS

117. No mesmo contexto dos dispêndios das pessoas jurídicas em geral com pesquisa e desenvolvimento, encontram-se os dispêndios com pesquisa e prospecção de recursos minerais e energéticos.

118. Conquanto ainda não tenham sido editadas normas contábeis específicas posteriores aos novos métodos e critérios contábeis introduzidos pela Lei nº 11.638, de 2007, permanece aplicável a tais dispêndios a exigência explanada na seção de análise geral do conceito fixado na decisão judicial em estudo de que haja ao final do processo um bem destinado à venda ou um serviço disponibilizado a terceiros (esforço bem-sucedido) para que haja insumos geradores de créditos da Contribuição para o PIS e da COFINS.

119. Diante disso, de plano conclui-se que não são considerados insumos para fins de apuração de créditos das contribuições os dispêndios da pessoa jurídica com pesquisa e prospecção de minas, jazidas, poços etc., de recursos minerais ou energéticos que não chegam efetivamente a produzir bens destinados à venda ou insumos para a produção de tais bens.

120. Quanto às demais hipóteses, somente mediante análise do caso concreto é possível fazer a verificação do cumprimento dos requisitos para subsunção do item ao conceito de insumos da legislação das contribuições.

9. *MÃO DE OBRA*

121. Acerca dos dispêndios da pessoa jurídica com mão de obra paga a pessoa física, a legislação da não cumulatividade da Contribuição para o PIS e da COFINS é expressa em vedar a possibilidade de apuração de créditos (inciso I do § 2º do art. 3º da Lei nº 10.637, de 2002, e da Lei nº 10.833, de 2003).

122. Todavia, no contexto de outros dispêndios da pessoa jurídica com mão de obra alguns pontos merecem comentários.

9.1. TERCEIRIZAÇÃO DE MÃO DE OBRA

123. Certamente, a vedação de creditamento estabelecida pelo citado inciso I do § 2º do art. 3º da Lei nº 10.637, de 2002, e da Lei nº 10.833, de 2003, alcança apenas o pagamento feito pela pessoa jurídica diretamente à pessoa física.

124. Situação diversa é o pagamento feito a uma pessoa jurídica contratada para disponibilizar mão de obra à pessoa jurídica contratante (terceirização de mão de obra), o que afasta a aplicação da mencionada vedação de creditamento.

125. Neste caso (contratação de pessoa jurídica fornecedora de mão de obra), desde que os serviços prestados pela pessoa jurídica contratada sejam considerados insumo nos termos decididos pela Primeira Seção do Superior Tribunal de Justiça e aqui explanados

e inexistam outros impedimentos normativos, será possível a apuração de créditos em relação a tais serviços.

126. Deveras, na hipótese de contratação de pessoa jurídica fornecedora de mão de obra (terceirização de mão de obra) somente se vislumbra que o serviço prestado por esta pessoa jurídica (disponibilização de força de trabalho) seja considerado insumo se a mão de obra cedida for aplicada diretamente nas atividades de produção de bens destinados à venda (ou na produção de insumos utilizados na produção de tais bens – insumo do insumo) ou de prestação de serviços desempenhadas pela pessoa jurídica contratante.

127. Como cediço, sempre houve grande discussão jurídica acerca da possibilidade de terceirização da atividade-fim da pessoa jurídica. Exatamente por isso, a Solução de Consulta Cosit nº 105, de 31 de janeiro de 2017, publicada no DOU de 23 de março de 2017, somente reconhecia como enquadrada no conceito de insumos a contratação, em conformidade com a Lei nº 6.019, de 3 de janeiro de 1974, de empresa de trabalho temporário para disponibilização de mão de obra temporária utilizada na atividade-fim da pessoa jurídica contratante.

128. Entretanto, o Supremo Tribunal Federal decidiu na Arguição de Descumprimento de Preceito Fundamental (ADPF) 324 e no Recurso Extraordinário 958252/MG que "é lícita a terceirização ou qualquer outra forma de divisão do trabalho entre pessoas jurídicas distintas, independentemente do objeto social das empresas envolvidas, mantida a responsabilidade subsidiária da empresa contratante".

129. Nesses termos, pode-se concluir que, na hipótese de contratação de pessoa jurídica fornecedora de mão de obra, somente haverá a subsunção ao conceito de insumos geradores de créditos da Contribuição para o PIS e da COFINS se a mão de obra cedida pela pessoa jurídica contratada atuar diretamente nas atividades de produção de bens destinados à venda ou de prestação de serviços protagonizadas pela pessoa jurídica contratante. Diferentemente, não haverá insumos: a) se a mão de obra cedida pela pessoa jurídica contratada atuar em atividades-meio da pessoa jurídica contratante (setor administrativo, vigilância, preparação de alimentos para funcionários da pessoa jurídica contratante etc.); b) se, por qualquer motivo, for declarada irregular a terceirização de mão de obra e reconhecido vínculo empregatício entre a pessoa jurídica contratante e as pessoas físicas.

9.2. DISPÊNDIOS PARA VIABILIZAÇÃO DA ATIVIDADE DA MÃO DE OBRA

130. Nesta seção discute-se possível enquadramento na modalidade de creditamento pela aquisição de insumos de dispêndios da pessoa jurídica destinados à viabilização da atividade de sua mão de obra, como alimentação, vestimenta, transporte, educação, saúde, seguro de vida, equipamentos de segurança etc.

131. Acerca desta discussão, cumpre inicialmente observar que em relação ao fator capital do processo produtivo (máquinas, equipamentos, instalações etc.) as normas que instituíram a modalidade de creditamento pela aquisição de insumos foram expressas em alargá-la para abranger também alguns itens cuja função é viabilizar seu funcionamento, mediante a inclusão de *"inclusive combustíveis e lubrificantes"* no conceito de insumo (inciso II do *caput* do art. 3º da Lei nº 10.637, de 2002, e da Lei nº 10.833, de 2003) (ver parágrafos 92 a 96). Diferentemente, em relação ao fator trabalho (recursos humanos) da produção, as referidas normas não apenas omitiram qualquer expansão do conceito de insumos como vedaram a possibilidade de creditamento referente a parcela dos dispêndios relativos a este fator (mão de obra paga a pessoa física, conforme explicado acima).

132. Além disso, insta salientar que a Primeira Turma do Superior Tribunal de Justiça, no julgamento do AgRg no REsp 1281990/SC, em 05/08/2014, sob relatoria do Ministro Benedito Gonçalves, mesmo afirmando que *"insumo para fins de creditamento de PIS e de COFINS diz respeito àqueles elementos essenciais à realização da atividade fim da empresa"*, concluiu que não se enquadravam no conceito *"as despesas relativas a vale-transporte, a vale-alimentação e a uniforme custeadas por empresa que explore prestação de serviços de limpeza, conservação e manutenção"*.

133. Diante disso, resta evidente que não podem ser considerados insumos para fins de apuração de créditos da não cumulatividade da Contribuição para o PIS e da COFINS os dispêndios da pessoa jurídica com itens destinados a viabilizar a atividade da mão

de obra empregada em seu processo de produção de bens ou de prestação de serviços, tais como alimentação, vestimenta, transporte, educação, saúde, seguro de vida etc. (sem prejuízo da modalidade específica de creditamento instituída no inciso X do art. 3º da Lei nº 10.637, de 2002, e da Lei nº 10.833, de 2003).

134. Certamente, essa vedação alcança os itens destinados a viabilizar a atividade da mão de obra utilizada em qualquer área da pessoa jurídica (produção, administração, contabilidade, jurídica etc.).

135. Para além disso, observa-se que, na vigência do conceito restritivo de insumos anteriormente adotado pela Secretaria da Receita Federal do Brasil, muito se discutia sobre o enquadramento no mencionado conceito de vestimentas da mão de obra utilizada na área produtiva da pessoa jurídica que sofriam desgaste, vez que se perquiria a ocorrência de contato físico com o bem em produção. Contudo, com base nas conclusões firmadas nesta seção, mostra-se incabível essa discussão, aplicando-se a vedação de apuração aos dispêndios da pessoa jurídica com vestimenta de seus funcionários, independentemente da área em que atuem.

136. Nada obstante, deve-se ressaltar que as vedações de creditamento afirmadas nesta seção não se aplicam caso o bem ou serviço sejam especificamente exigidos pela legislação (ver seção relativa aos bens e serviços utilizados por imposição legal) para viabilizar a atividade de produção de bens ou de prestação de serviços por parte da mão de obra empregada nessas atividades.

137. Nesse sentido, a Primeira Seção do Superior Tribunal de Justiça decidiu, no acórdão em comento, que os equipamentos de proteção individual (EPI) podem se enquadrar no conceito de insumos então estabelecido. Conquanto não tenha havido ressalva no referido acórdão em relação a tais equipamentos, decorre dos critérios para definição do conceito de insumos firmados por aquela Seção e explanados acima que somente os equipamentos de proteção individual fornecidos a trabalhadores alocados pela pessoa jurídica nas atividades de produção de bens ou de prestação de serviços podem ser considerados insumo.

10. COMBUSTÍVEIS E LUBRIFICANTES

138. Conforme se explanou acima, o conceito de insumos (inciso II do *caput* do art. 3º Lei nº 10.637, de 2002, e da Lei nº 10.833, de 2003) estabelecido pela Primeira Seção do Superior Tribunal de Justiça, se de um lado é amplo em sua definição, de outro restringe-se aos bens e serviços utilizados no processo de produção de bens destinados à venda e de prestação de serviços, não alcançando as demais áreas de atividade organizadas pela pessoa jurídica.

139. Daí, considerando que combustíveis e lubrificantes são consumidos em máquinas, equipamentos ou veículos de qualquer espécie, e, em regra, não se agregam ao bem ou serviço em processamento, conclui-se que somente podem ser considerados insumos do processo produtivo quando consumidos em máquinas, equipamentos ou veículos utilizados pela pessoa jurídica no processo de produção de bens ou de prestação de serviços.

140. Com base no conceito restritivo de insumos que adotava, a Secretaria da Receita Federal do Brasil somente considerava insumos os combustíveis e lubrificantes consumidos em itens que promovessem a produção dos bens efetivamente destinados à venda ou a prestação de serviços ao público externo (bens e serviços finais).

141. Todavia, com base no conceito de insumos definido na decisão judicial em voga, deve-se reconhecer que são considerados insumos geradores de créditos das contribuições os combustíveis e lubrificantes consumidos em máquinas, equipamentos ou veículos responsáveis por qualquer etapa do processo de produção de bens ou de prestação de serviços, inclusive pela produção de insumos do insumo efetivamente utilizado na produção do bem ou serviço finais disponibilizados pela pessoa jurídica (insumo do insumo).

142. Sem embargo, permanece válida a vedação à apuração de crédito em relação a combustíveis consumidos em máquinas, equipamentos ou veículos utilizados nas demais áreas de atividade da pessoa jurídica (administrativa, contábil, jurídica etc.), bem como utilizados posteriormente à finalização da produção do bem destinado à venda ou à prestação de serviço.

143. Cabe salientar que na decisão judicial em comento, os *"gastos com veículos"* não foram considerados

insumos da pessoa jurídica industrial então recorrente (ver parágrafo 8). Todavia, não se pode deixar de reconhecer que em algumas hipóteses os veículos participam efetivamente do processo produtivo e, consequentemente, os combustíveis que consomem podem ser considerados insumos para fins de apuração de créditos das contribuições.

144. Diante do exposto, exemplificativamente, permitem a apuração de créditos na modalidade aquisição de insumos combustíveis consumidos em: a) veículos que suprem as máquinas produtivas com matéria-prima em uma planta industrial; b) veículos que fazem o transporte de matéria-prima, produtos intermediários ou produtos em elaboração entre estabelecimentos da pessoa jurídica; c) veículos utilizados por funcionários de uma prestadora de serviços domiciliares para irem ao domicílio dos clientes; d) veículos utilizados na atividade-fim de pessoas jurídicas prestadoras de serviços de transporte etc. Já em relação a "gastos com veículos" que não permitem a apuração de tais créditos, citam-se, exemplificativamente, gastos com veículos utilizados: a) pelo setor administrativo; b) para transporte de funcionários no trajeto de ida e volta ao local de trabalho; c) por administradores da pessoa jurídica; d) para entrega de mercadorias aos clientes; e) para cobrança de valores contra clientes; etc.

11. "CUSTOS" DA QUALIDADE

145. Mostra-se interessante a aplicação do conceito de insumos definido pela Primeira Seção do Superior Tribunal de Justiça em relação aos dispêndios da pessoa jurídica com os cognominados "custos" da qualidade, que abrangem, entre outros: a) auditorias em diversas áreas; b) certificação perante entidades especializadas; c) testes de qualidade em diversas áreas.

146. Quanto aos dispêndios com auditoria (de estoques, de pagamentos a fornecedores, de folha de salários, de processos, contábil etc.) e com certificação perante entidades especializadas, evidentemente se trata de atividades separadas do processo de produção de bens ou de prestação de serviços e que, portanto, não permitem a apuração de créditos das contribuições na modalidade aquisição de insumos.

147. Já os testes de qualidade (realizados pela própria pessoa jurídica ou por terceiros) podem ou não estar associados ao processo produtivo, dependendo do item que é testado e do momento em que ocorre o teste.

148. Entre os testes de qualidade que não estão associados ao processo produtivo, e, por conseguinte, não são insumos, podem ser citados os testes de qualidade do serviço de entrega de mercadorias, do serviço de atendimento ao consumidor etc.

149. Diferentemente, considerando sua essencialidade ao processo de produção de bens ou de prestação de serviços, podem ser considerados insumos na legislação das contribuições os testes de qualidade aplicados sobre: a) matéria-prima ou produto intermediário; b) produto em elaboração; c) materiais fornecidos pelo prestador de serviços ao cliente etc.

150. De outra banda, a análise é mais complexa acerca dos testes de qualidade aplicados sobre produtos que já finalizaram sua montagem industrial ou sua produção (produtos acabados). Conquanto tais testes sejam realizados em momento bastante avançado do processo de produção, é inexorável considerá-los essenciais ao este processo, na medida em que sua exclusão priva o processo de atributos de qualidade.

151. Assim, são considerados insumos do processo produtivo os testes de qualidade aplicados anteriormente à comercialização sobre produtos que já finalizaram sua montagem industrial ou sua produção, independentemente de os testes serem amostrais ou populacionais.

152. Por fim, salienta-se que os testes de qualidade versados nesta seção são aqueles aplicados por escolha da pessoa jurídica, vez que os testes de qualidade aplicados por exigência da legislação estão versados na seção BENS E SERVIÇOS UTILIZADOS POR IMPOSIÇÃO LEGAL.

12. SUBCONTRATAÇÃO DE SERVIÇOS

153. Na atividade de prestação de serviços é recorrente que uma pessoa jurídica, contratada por seu cliente para uma prestação de serviços principal, subcontrate outra pessoa jurídica para a realização de parcela dessa prestação.

154. Essa subcontratação evidentemente se enquadra no conceito de insumos geradores de créditos da Contribuição para o PIS e da COFINS, pois o serviço subcontratado se torna relevante para a prestação principal *"pelas singularidades de cada cadeia produtiva"*, neste caso por opção do prestador principal.

13. DO VALOR BASE PARA CÁLCULO DO MONTANTE DO CRÉDITO

155. Outro assunto que também merece destaque é o valor a ser considerado no cálculo do montante do crédito da Contribuição para o PIS e da COFINS referente à aquisição de insumos a ser apurado pela pessoa jurídica beneficiária.

156. O § 1º do art. 3º da Lei nº 10.637, de 2002, e da Lei nº 10.833, de 2003, estabelecem que, no caso de aquisição de insumos, o *"crédito será determinado mediante a aplicação da alíquota"* modal das contribuições *"sobre o valor: I - dos itens mencionados nos incisos I e II do caput, adquiridos no mês"*. E a Secretaria da Receita Federal do Brasil, desde há muito, tem interpretado que o valor-base do cálculo do montante do crédito é o custo de aquisição do bem conforme definido contabilmente, salvo exceções previstas na legislação tributária.

157. Nesse sentido, limitando a análise aos itens qualificáveis como insumo, verifica-se que a NBC TG 16 (R1), do Conselho Federal de Contabilidade estabelece que:

> *"11. O custo de aquisição dos estoques compreende o preço de compra, os impostos de importação e outros tributos (exceto os recuperáveis perante o fisco), bem como os custos de transporte, seguro, manuseio e outros diretamente atribuíveis à aquisição de produtos acabados, materiais e serviços. Descontos comerciais, abatimentos e outros itens semelhantes devem ser deduzidos na determinação do custo de aquisição."* (Redação dada pela Resolução CFC nº 1.273, de 31 de outubro de 2010)

158. Assim, após a Lei nº 12.973, de 13 de maio de 2014 (que adequou a legislação tributária federal à legislação societária e às normas contábeis), estão incluídos no custo de aquisição dos insumos geradores de créditos das contribuições, entre outros, os seguintes dispêndios suportados pelo adquirente:

   a. Preço de compra do bem;

   b. Transporte do local de disponibilização pelo vendedor até o estabelecimento do adquirente;

   c. Seguro do local de disponibilização pelo vendedor até o estabelecimento do adquirente;

   d. Manuseio no processo de entrega/recebimento do bem adquirido (se for contratada diretamente a pessoa física incide a vedação de creditamento estabelecida pelo inciso I do § 2º do art. 3º da Lei nº 10.637, de 2002, e da Lei nº 10.833, de 2003);

e. Outros itens diretamente atribuíveis à aquisição de produtos acabados;

f. Tributos não recuperáveis.

159. Fixadas essas premissas, dois apontamentos acerca do cálculo do montante apurável de créditos com base no custo de aquisição de insumos são muito importantes.

160. A uma, deve-se salientar que o crédito é apurado em relação ao item adquirido, tendo como valor-base para cálculo de seu montante o custo de aquisição do item. Daí resulta que o primeiro e inafastável requisito é verificar se o bem adquirido se enquadra como insumo gerador de crédito das contribuições, e que:

a. Se for permitido o creditamento em relação ao bem adquirido, os itens integrantes de seu custo de aquisição poderão ser incluídos no valor-base para cálculo do montante do crédito, salvo se houver alguma vedação à inclusão;

b. Ao revés, se não for permitido o creditamento em relação ao bem adquirido, os itens integrantes de seu custo de aquisição também não permitirão a apuração de créditos, sequer indiretamente.

161. A duas, rememora-se que a vedação de creditamento em relação à *"aquisição de bens ou serviços não sujeitos ao pagamento da contribuição"* é uma das premissas fundamentais da não cumulatividade da Contribuição para o PIS e da COFINS, conforme vedação expressa de apuração de créditos estabelecida

no inciso II do § 2º do art. 3º da Lei nº 10.637, de 2002, e da Lei nº 10.833, de 2003.

162. Daí, para que o valor do item integrante do custo de aquisição de bens considerados insumos possa ser incluído no valor-base do cálculo do montante de crédito apurável é necessário que a receita decorrente da comercialização de tal item tenha se sujeitado ao pagamento das contribuições, ou seja não incida a vedação destacada no parágrafo anterior.

163. Assim, por exemplo, não se permite a inclusão no custo de aquisição do bem para fins de apuração de créditos da Contribuição para o PIS e da COFINS na modalidade aquisição de insumos:

    a. Mão de obra paga a pessoa física, inclusive transporte e manuseio da mercadoria;

    b. Imposto sobre Produtos Industrializados (IPI) (ver § 4º do art. 12 do Decreto-Lei nº 1.598, de 1977);

    c. Imposto sobre Operações relativas à Circulação de Mercadorias e sobre Prestações de Serviços de Transporte Interestadual e Intermunicipal e de Comunicação (ICMS) nas seguintes variações:

        c1. Recolhido em etapa anterior em regime de substituição tributária (ver Solução de Consulta Cosit nº 104, de 27 de janeiro de 2017, cuja ementa foi publicada no Diário Oficial da União de 1/2/2017);

        c2. Recolhido pelo adquirente ao Estado de destino da mercadoria em razão da diferença de alíquotas do imposto incidentes na aquisição interestadual (ver Solução de Consulta Cosit nº

152, de 02 de março de 2017, cuja ementa foi publicada no Diário Oficial da União de 8/3/2017).

14. RATEIO EM CASO DE UTILIZAÇÃO MISTA

164. Em diversas hipóteses apresentadas neste Parecer Normativo é possível que o mesmo bem ou serviço seja considerado insumo gerador de créditos para algumas atividades e não o seja para outras.

165. Nessa hipótese, a pessoa jurídica deverá realizar rateio fundamentado em critérios racionais e devidamente demonstrado em sua contabilidade para determinar o montante de créditos da não cumulatividade da Contribuição para o PIS e da COFINS apurável em relação a cada bem, serviço ou ativo, discriminando os créditos em função da natureza, origem e vinculação, observadas as normas específicas (exemplificativamente, art. 35 da Lei nº 12.058, de 13 de outubro de 2009) e as obrigações acessórias aplicáveis.

CONCLUSÃO

166. Com base no exposto, conclui-se que, conforme estabelecido pela Primeira Seção do Superior Tribunal de Justiça no Recurso Especial 1.221.170/PR, o conceito de insumo para fins de apuração de créditos da não cumulatividade da Contribuição para o PIS e da COFINS (inciso II do *caput* do art. 3º da Lei nº

10.637, de 2002, e da Lei nº 10.833, de 2003) deve ser aferido à luz dos critérios da essencialidade ou da relevância do bem ou serviço para a produção de bens destinados à venda ou para a prestação de serviços pela pessoa jurídica.

167. Segundo a tese acordada na decisão judicial em comento: a) o "critério da essencialidade diz com o item do qual dependa, intrínseca e fundamentalmente, o produto ou o serviço": a.1) "constituindo elemento estrutural e inseparável do processo produtivo ou da execução do serviço"; a.2) "ou, quando menos, a sua falta lhes prive de qualidade, quantidade e/ ou suficiência"; b) já o critério da relevância "é identificável no item cuja finalidade, embora não indispensável à elaboração do próprio produto ou à prestação do serviço, integre o processo de produção, seja": b.1) "pelas singularidades de cada cadeia produtiva"; b.2) "por imposição legal".

168. Como características adicionais dos bens e serviços (itens) considerados insumos na legislação das contribuições em voga, destacam-se:

    a. Somente podem ser considerados insumos itens aplicados no processo de produção de bens destinados à venda ou de prestação de serviços a terceiros, excluindo-se do conceito itens utilizados nas demais áreas de atuação da pessoa jurídica, como administrativa, jurídica, contábil etc., bem como itens relacionados à atividade de revenda de bens;

b. Permite-se o creditamento para insumos do processo de produção de bens destinados à venda ou de prestação de serviços, e não apenas insumos do próprio produto ou serviço comercializados pela pessoa jurídica;

c. O processo de produção de bens encerra-se, em geral, com a finalização das etapas produtivas do bem e o processo de prestação de serviços geralmente se encerra com a finalização da prestação ao cliente, excluindo--se do conceito de insumos itens utilizados posteriormente à finalização dos referidos processos, salvo exceções justificadas (como ocorre, por exemplo, com os itens que a legislação específica exige aplicação pela pessoa jurídica para que o bem produzido ou o serviço prestado possam ser comercializados, os quais são considerados insumos ainda que aplicados sobre produto acabado);

d. Somente haverá insumos se o processo no qual estão inseridos os itens elegíveis efetivamente resultar em um bem destinado à venda ou em um serviço prestado a terceiros (esforço bem-sucedido), excluindo-se do conceito itens utilizados em atividades que não gerem tais resultados, como em pesquisas, projetos abandonados, projetos infrutíferos, produtos acabados e furtados ou sinistrados etc.;

e. A subsunção do item ao conceito de insumos independe de contato físico, desgaste ou alteração química do bem-insumo em função de ação diretamente exercida sobre o produto em elaboração ou durante a prestação de serviço;

f. A modalidade de creditamento pela aquisição de insumos é a regra geral aplicável às atividades de produção de bens e de prestação de serviços no âmbito da não cumulatividade das contribuições, sem prejuízo das demais modalidades de creditamento estabelecidas pela legislação, que naturalmente afastam a aplicação da regra geral nas hipóteses por elas alcançadas;

g. Para fins de interpretação do inciso II do *caput* do art. 3º da Lei nº 10.637, de 2002, e da Lei nº 10.833, de 2003, "fabricação de produtos" corresponde às hipóteses de industrialização firmadas na legislação do Imposto sobre Produtos Industrializados (IPI) e "produção de bens" refere-se às atividades que, conquanto não sejam consideradas industrialização, promovem: *i*) a transformação material de insumo(s) em um bem novo destinado à venda; ou *ii*) o desenvolvimento de seres vivos até alcançarem condição de serem comercializados;

h. Havendo insumos em todo o processo de produção de bens destinados à venda e de prestação de serviços, permite-se a apuração de créditos das contribuições em relação a insumos necessários à produção de um bem-insumo utilizado na produção de bem destinado à venda ou na prestação de serviço a terceiros (insumo do insumo);

i. Não são considerados insumos os itens destinados a viabilizar a atividade da mão de obra empregada pela pessoa jurídica em qualquer de suas áreas, inclusive em seu processo de produção de bens ou de prestação de serviços, tais como alimentação, vestimenta, transporte, educação, saúde, seguro de vida etc., ressalvadas as hipóteses em que a utilização do item é especificamente exigida pela legislação para viabilizar a atividade de produção de bens ou de prestação de serviços por parte da mão de obra empregada nessas atividades, como no caso dos equipamentos de proteção individual (EPI);

j. A parcela de um serviço-principal subcontratada pela pessoa jurídica prestadora-principal perante uma pessoa jurídica prestadora-subcontratada é considerada insumo na legislação das contribuições.

Assinatura digital

RONI PETERSON BERNARDINO DE BRITO

Auditor-Fiscal da Receita Federal do Brasil

De acordo. Encaminhe-se ao Coordenador da Cotri.

Assinatura digital

SANDRO DE VARGAS SERPA

Auditor-Fiscal da Receita Federal do Brasil

Chefe da Divisão de Contribuições Sociais sobre a
Receita e a Importação (Direi)

De acordo. Encaminhe-se ao Coordenador-Geral da Cosit.

Assinatura digital

OTHONIEL LUCAS DE SOUSA JUNIOR

Auditor-Fiscal da Receita Federal do Brasil

Coordenador da Coordenação de Tributos sobre a Receita
Bruta e Produtos Industrializados (Cotri)

De acordo. Encaminhe-se ao Subsecretário da Sutri.

Assinatura digital

FERNANDO MOMBELLI

Auditor-Fiscal da Receita Federal do Brasil

Coordenador-Geral da Coordenação-Geral de Tributação
(Sutri)

De acordo. Ao Secretário da Receita Federal do Brasil,
para aprovação.

Assinatura digital

LUIZ FERNANDO TEIXEIRA NUNES

Auditor-Fiscal da Receita Federal do Brasil

Subsecretário de Tributação e Contencioso

Aprovo. Publique-se no Diário Oficial da União.

Assinatura digital

JORGE ANTONIO DEHER RACHID

Auditor-Fiscal da Receita Federal do Brasil Secretário da Receita Federal do Brasil

Página inserida pelo Sistema e-Processo apenas para controle de validação e autenticação do documento do processo nº 10030.000143/0918-12. Por ser página de controle, possui uma numeração independente da numeração constante no processo.

CAPÍTULO 4   **197**

Ministério da Fazenda

PÁGINA DE AUTENTICAÇÃO

O Ministério da Fazenda garante a integridade e a autenticidade deste documento nos termos do Art. 10, § 1º, da Medida Provisória nº 2.200-2, de 24 de agosto de 2001 e da Lei nº 12.682, de 09 de julho de 2012.

Documento produzido eletronicamente com garantia da origem e de seu(s) signatário(s), considerado original para todos efeitos legais. Documento assinado digitalmente conforme MP nº 2.200-2 de 24/08/2001.

Histórico de ações sobre o documento:

Documento juntado por ANDREA MILANI CONCATTO em 17/12/2018 11:37:00.

Documento autenticado digitalmente por ANDREA MILANI CONCATTO em 17/12/2018.

Documento assinado digitalmente por: JORGE ANTONIO DEHER RACHID em 17/12/2018.

Esta cópia / impressão foi realizada por TATIANA DORNELES DE SOUZA CAMPANHA SANTANA em 17/12/2018.

Instrução para localizar e conferir eletronicamente este documento na Internet:

1) Acesse o endereço:
https://cav.receita.fazenda.gov.br/eCAC/publico/login.aspx

2) Entre no menu "Legislação e Processo".

3) Selecione a opção "e-AssinaRFB - Validar e Assinar Documentos Digitais".

4) Digite o código abaixo:

EP17.1218.15393.PKHZ

5) O sistema apresentará a cópia do documento eletrônico armazenado nos servidores da Receita Federal do Brasil.

Código hash do documento, recebido pelo sistema e-Processo, obtido através do algoritmo sha2:
197F8A9AA7211AEAE285C12ED5BBB3D3CBC1ABB31E9ADC7C132EB165553E197C

6.6.1. O que diz o "novo" regulamento do PIS/COFINS

A Instrução Normativa RFB nº 2.121/2022, a exemplo do que ocorreu anteriormente (IN 1.911/2019), reuniu em um único diploma legal as regras tributárias do PIS e da COFINS. Além disso, ela também teve o condão de reunir os diversos posicionamentos manifestados pela RFB em soluções de consulta e em pareceres normativos.

Isso ficou evidente ao analisarmos o seu artigo 176 da IN 2.121/2022 que, em seu *caput*, "inovou" ao se referir aos insumos como "bens ou serviços considerados essenciais ou relevantes ao processo produtivo. Isso, sem dúvida nenhuma, foi um avanço, tendo em vista que essa conceituação somente foi utilizada em pareceres e soluções de consulta; jamais em uma instrução normativa.

Mais adiante, no parágrafo primeiro do referido artigo 176, a IN 2.121/2022 foi mais além: relacionou, de forma não exaustiva, itens que podem ser considerados insumos. Alguns deles objeto de polêmicas ao longo desses quase 20 anos de existência do regime não cumulativo para as contribuições para o PIS e COFINS.

Segundo referido parágrafo, consideram-se insumos, inclusive:

I. Bens ou serviços necessários à elaboração de insumo em qualquer etapa anterior de produção de bem destinado à venda ou na prestação de serviço a terceiros (insumo do insumo);

II. Bens ou serviços que, mesmo utilizados após a finalização do processo de produção, de fabricação ou de prestação de serviços, tenham sua utilização decorrente de imposição legal;

III. Combustíveis e lubrificantes consumidos em máquinas, equipamentos ou veículos responsáveis por qualquer etapa do processo de produção ou fabricação de bens ou de prestação de serviços;

IV. Bens ou serviços aplicados no desenvolvimento interno de ativos imobilizados sujeitos à exaustão e utilizados no processo de produção, de fabricação ou de prestação de serviços;

V. Bens e serviços aplicados na fase de desenvolvimento de ativo intangível que resulte em:

    a. Insumo utilizado no processo de produção ou fabricação de bens destinados à venda ou de prestação de serviços; ou

    b. Bem destinado à venda ou em serviço prestado a terceiros;

VI. Embalagens de apresentação utilizadas nos bens destinados à venda;

VII. Bens de reposição e serviços utilizados na manutenção de bens do ativo imobilizado utilizados em qualquer etapa do processo de produção de bens destinados à venda ou de prestação de serviços cuja utilização implique aumento de vida útil do bem do ativo imobilizado de até um ano;

VIII. Serviços de transporte de insumos e de produtos em elaboração realizados entre estabelecimentos da pessoa jurídica;

IX. Equipamentos de proteção individual (EPI);

X.   Moldes ou modelos utilizados para dar forma desejada ao produto produzido, desde que não contabilizados no ativo imobilizado;

XI.   Materiais e serviços de limpeza, desinfecção e dedetização de ativos utilizados em qualquer etapa da produção de bens ou da prestação de serviços;

XII.   Contratação de pessoa jurídica fornecedora de mão de obra para atuar diretamente nas atividades de produção de bens destinados à venda ou de prestação de serviços;

XIII.   Testes de qualidade aplicados sobre matéria-prima, produto intermediário e produto em elaboração e sobre produto acabado, desde que anteriormente à comercialização do produto;

XIV.   A subcontratação de serviços para a realização de parcela da prestação de serviços;

XV.   Frete e seguro no território nacional quando da importação de bens para serem utilizados como insumos na produção de bem destinado à venda ou na prestação de serviço a terceiros;

XVI.   Frete e seguro no território nacional quando da importação de máquinas, equipamentos e outros bens incorporados ao ativo imobilizado utilizados na produção de bem destinado à venda ou na prestação de serviço a terceiros;

XVII.   Parcela custeada pelo empregador relativa ao vale-transporte pago para a mão de obra empregada no processo de produção ou de prestação de serviços; e

XVIII. Dispêndios com contratação de pessoa jurídica para transporte da mão de obra empregada no processo de produção de bens ou de prestação de serviços.

Como não poderia ser diferente, o citado art. 176, agora seu parágrafo 2º, também relacionou (relação não exaustiva) itens não considerados insumos. São eles:

I. Bens incluídos no ativo imobilizado;

II. Embalagens utilizadas no transporte de produto acabado;

III. Bens e serviços utilizados na pesquisa e prospecção de minas, jazidas e poços de recursos minerais e energéticos que não cheguem a produzir bens destinados à venda ou insumos para a produção de tais bens;

IV. Bens e serviços aplicados na fase de desenvolvimento de ativo intangível que não chegue a ser concluído ou que seja concluído e explorado em áreas diversas da produção ou fabricação de bens e da prestação de serviços;

V. Serviços de transporte de produtos acabados realizados em ou entre estabelecimentos da pessoa jurídica;

VI. Despesas destinadas a viabilizar a atividade da mão de obra empregada no processo de produção ou fabricação de bens ou de prestação de serviços, tais como alimentação, vestimenta, transporte, cursos, plano de saúde e seguro de vida;

VII. Dispêndios com inspeções regulares de bens incorporados ao ativo imobilizado.

Observa-se que as vedações acima apresentas por esse "novo" regulamento precisam ser analisadas com cautela. É fato que há muitas manifestações a respeito, sobretudo as administrativas e judiciais. Isso significa dizer que as vedações ora elencadas não devem ser vistas de forma absoluta e final. A realidade do contribuinte deve ser sempre considerada e se as vedações destoarem dessa realidade devem ser questionadas.

7. ARRENDAMENTO MERCANTIL

7.1. Tratamento da arrendadora

De acordo com o artigo 277 da Instrução Normativa RFB nº 1.700/2017, a pessoa jurídica arrendadora deverá computar na apuração da base de cálculo da contribuição para o PIS e da COFINS, o valor da contraprestação de arrendamento mercantil, independentemente de na operação haver transferência substancial dos riscos e benefícios inerentes à propriedade do ativo.

As pessoas jurídicas sujeitas ao regime de tributação não cumulativo de que tratam as Leis nº 10.637, de 2002, e nº 10.833, de 29 de dezembro de 2003, poderão descontar créditos calculados sobre o valor do custo de aquisição ou construção dos bens arrendados proporcionalmente ao valor de cada contraprestação durante o período de vigência do contrato. Tal regra também se aplica aos contratos não tipificados como arrendamento mercantil que contenham elementos contabilizados como arrendamento mercantil por força de normas contábeis e da legislação comercial.

7.2. Tratamento da arrendatária

Na apuração da contribuição para o PIS e da COFINS pelo regime não cumulativo de que tratam as Leis nº 10.637, de 2002, e nº 10.833, de 2003, a pessoa jurídica arrendatária:

I.   Poderá descontar créditos calculados em relação ao valor das contraprestações de operações de arrendamento mercantil de pessoa jurídica, exceto de optante pelo Simples Nacional;

II.   Não terá direito a crédito correspondente aos encargos de depreciação e amortização gerados por bem objeto de arrendamento mercantil, na hipótese em que reconheça contabilmente o encargo.

A regra acima também se aplica:

- À determinação do crédito relacionado às operações de importação, quando sujeitas ao pagamento das contribuições, de que trata a Lei nº 10.865, de 30 de abril de 2004 (PIS/COFINS sobre importação);
- Aos contratos não tipificados como arrendamento mercantil que contenham elementos contabilizados como arrendamento mercantil por força de normas contábeis e da legislação comercial.

7.3. Ativo não circulante mantido para venda

Não integram a base de cálculo da contribuição para o PIS e da COFINS apurados no regime de incidência não cumulativa a que se referem as Leis nº 10.637, de 2002, e nº 10.833, de 2003, as outras receitas de que trata o inciso IV do *caput* do artigo 187 da Lei nº 6.404, de 1976, decorrentes da venda de bens do ativo não circulante, classificado como investimento imobilizado ou intangível.

A regra acima aplica-se inclusive no caso do bem ter sido reclassificado para o Ativo Circulante com intenção de venda, por força das normas contábeis e da legislação comercial.

8. CONTRATOS DE CONCESSÃO DE SERVIÇOS PÚBLICOS

De acordo com o artigo 280 da Instrução Normativa RFB nº 1.700 /2017, na determinação da base de cálculo da contribuição para o PIS e da COFINS as Leis nº 10.637, de 2002, e nº 10.833, de 2003, exclui-se a receita reconhecida pela construção, recuperação, reforma, ampliação ou melhoramento da infraestrutura, cuja contrapartida seja ativo intangível representativo de direito de exploração.

Já o artigo 150 do mesmo diploma legal estabelece que a receita decorrente da construção, recuperação, reforma, ampliação ou melhoramento da infraestrutura, cuja contrapartida seja ativo financeiro representativo de direito contratual incondicional de receber caixa ou outro ativo financeiro, integrará a base de cálculo da contribuição para o PIS e da COFINS a que se referem as Leis nº 10.637, de 2002, e n° 10.833, de 2003, à medida do efetivo recebimento.

Para tanto, considera-se efetivamente recebida a parcela do total da receita bruta da fase de construção calculada pela proporção entre:

- R = valor do(s) pagamento(s) contratado(s), recebido(s) no período de apuração; e
- V = valor total contratado.

Por sua vez, não integram a base de cálculo da contribuição para o PIS e da COFINS as receitas financeiras decorrentes do ajuste a valor presente, de que trata o inciso VIII do *caput* do artigo 183 da Lei n° 6.404, de 1976, referentes aos ativos financeiros a receber decorrentes das receitas de serviços da fase de construção, nos períodos de apuração em que forem apropriadas.

8.1. Aproveitamento de créditos

Na execução de contratos de concessão de serviços públicos, os créditos a que se referem o art. 3° da Lei n° 10.637, de 2002, e o art. 3° da Lei n° 10.833, de 2003, gerados pelos serviços de construção, recuperação, reforma, ampliação ou melhoramento de infraestrutura somente poderão ser aproveitados:

I. *À medida que o ativo intangível for realizado, quando a receita decorrente desses serviços tiver contrapartida em ativo que represente o direito de exploração; ou*

II.   *Na proporção dos recebimentos, quando a receita decorrente desses serviços tiver contrapartida em ativo financeiro.*

A proporção referida acima é obtida da seguinte forma (§ 3º do art. 83 da Instrução Normativa RFB nº 1700/2017, art. 168): R/V, onde:

- *R = valor do(s) pagamento(s) contratado(s), recebido(s) no período de apuração; e*
- *V = valor total contratado.*

O estabelecido neste subitem não se aplica aos créditos oriundos de máquinas, equipamentos e outros bens incorporados ao ativo imobilizado, adquiridos ou fabricados para locação a terceiros, ou para utilização na produção de bens destinados à venda ou na prestação de serviços.

9. EXEMPLO DE APURAÇÃO DO VALOR A PAGAR

Apurados o valor das contribuições incidente sobre o faturamento e os créditos aos quais a empresa tem direito, resta apurar o valor a pagar (ou a compensar, se for o caso).

A apuração desse valor consiste no confronto entre o saldo da COFINS e do PIS devidos e o crédito da COFINS e do PIS.

Nos exemplos desenvolvidos anteriormente (subitem 5.1), a COFINS devida corresponde a R$ 83.600,00, e o PIS, a R$ 18.150,00. Já o crédito (subitem 6.3.2) da COFINS corresponde a R$ 48.723,60 e do PIS/ PASEP, a R$ 10.577,65.

Diante do exposto, temos que, em 25.10.2023, a empresa deverá recolher:

a. COFINS = R$ 34.876,40 (R$ 83.600,00 - R$ 48.723,60);

b. PIS = R$ 7.572,35 (R$ 18.150,00 - R$ 10.577,65).

10. CÓDIGOS DE DARF A SEREM UTILIZADOS NO RECOLHIMENTO DAS CONTRIBUIÇÕES

O recolhimento das contribuições na modalidade não cumulativa deverá ser efetuado, individualmente, mediante a utilização dos seguintes códigos de DARF (campo 04):

COFINS – Contribuintes sujeitos ao regime não cumulativo 5856
PIS – Contribuintes sujeitos ao regime não cumulativo 6912

11. PRAZO PARA PAGAMENTO

Em relação aos fatos geradores ocorridos a partir de 1º.11.2008, as contribuições devem ser pagas nos seguintes prazos:

a. Bancos comerciais, bancos de investimentos, bancos de desenvolvimento, caixas econômicas, sociedades de crédito, financiamento e investimento, sociedades de crédito imobiliário, sociedades corretoras, distribuidoras de títulos e valores mobiliários, empresas de arrendamento mercantil, cooperativas de crédito, empresas de seguros privados e de capitalização, agentes autônomos de seguros privados e de crédito e entidades de previdência privada abertas e fechadas: **até o vigésimo dia do mês subsequente ao mês de ocorrência dos fatos geradores**;

b. Demais pessoas jurídicas: **até o vigésimo quinto dia do mês subsequente ao mês de ocorrência dos fatos geradores**.

Observa-se que se o dia do vencimento não for dia útil, considerar-se-á antecipado o prazo para o primeiro dia útil que o anteceder.

CAPÍTULO 5
PIS E COFINS SOBRE IMPORTAÇÃO

1. CONTRIBUINTES

De acordo com a Lei nº 10.865/2004, são contribuintes do PIS e da COFINS, na modalidade Importação:

a. O importador, assim considerada a pessoa física ou jurídica que promova a entrada de bens estrangeiros no território nacional;

b. A pessoa física ou jurídica contratante de serviços de residente ou domiciliado no exterior; e

c. O beneficiário do serviço, na hipótese em que o contratante também seja residente ou domiciliado no exterior.

Equiparam-se ao importador o destinatário de remessa postal internacional indicado pelo respectivo remetente e o adquirente de mercadoria entrepostada.

A exigência das contribuições fica suspensa nas importações efetuadas por empresas localizadas na Zona Franca de Manaus, de matérias-primas, produtos intermediários e materiais de embalagem para emprego em processo de industrialização por estabelecimentos industriais instalados na Zona Franca de Manaus e consoante projetos aprovados pelo Conselho de Administração da Superintendência da Zona Franca de Manaus (Suframa).

(Artigo 14-A da Lei nº 10.865/2004 – redação dada pela Lei nº 10.925/2004)

1.1. Responsáveis solidários

A legislação estende a responsabilidade pelo pagamento das contribuições, em caráter solidário, ao:

a. Adquirente de bens estrangeiros, no caso de importação realizada por sua conta e ordem, por intermédio de pessoa jurídica importadora;

b. Transportador, quando transportar bens procedentes do exterior ou sob controle aduaneiro, inclusive em percurso interno;

c. Representante, no País, do transportador estrangeiro;

d. Depositário, assim considerado qualquer pessoa incumbida da custódia de bem sob controle aduaneiro; e

e. Expedidor, o operador de transporte multimodal ou qualquer subcontratado para a realização do transporte multimodal.

2. OPERAÇÕES SUJEITAS À INCIDÊNCIA DAS CONTRIBUIÇÕES

O PIS e a COFINS sobre a importação incidem somente sobre a importação de bens e serviços do exterior.

Os serviços acima referidos são aqueles provenientes do exterior prestados por pessoa física ou pessoa jurídica residente ou domiciliada no exterior, nas seguintes hipóteses:

a. Executados no País; ou

b. Executados no exterior, cujo resultado se verifique no País. Por sua vez, consideram-se, também, estrangeiros:

c. Bens nacionais ou nacionalizados exportados, que retornem ao País, salvo se:

   c1. Enviados em consignação e não vendidos no prazo autorizado;

   c2. Devolvidos por motivo de defeito técnico, para reparo ou para substituição;

   c3. Por motivo de modificações na sistemática de importação por parte do país importador;

   c4. Por motivo de guerra ou de calamidade pública; ou

   c5. Por outros fatores alheios à vontade do exportador;

d. Os equipamentos, as máquinas, os veículos, os aparelhos e os instrumentos, bem como as partes, as peças, os acessórios e os componentes, de fabricação nacional, adquiridos no mercado interno pelas empresas nacionais de engenharia, e exportados para a execução de obras contratadas no exterior, na hipótese de retornarem ao País.

3. MOMENTO DA OCORRÊNCIA DO FATO GERADOR

As contribuições serão devidas quando ocorrer a entrada de bens estrangeiros no território nacional ou o pagamento, crédito, entrega, emprego ou remessa de valores a residentes ou domiciliados no exterior como contraprestação por serviço prestado.

Por sua vez, não serão consideradas entradas no território nacional:

a. As malas e as remessas postais internacionais; e

b. A mercadoria importada a granel que, por sua natureza ou condições de manuseio na descarga, esteja sujeita à quebra ou a decréscimo, desde que o extravio não seja superior a um 1% (hipótese de ocorrer quebra ou decréscimo superior a 1% serão exigidas as contribuições somente em relação ao que exceder a 1%).

Contudo, consideram-se entrados no território nacional os bens que constem como tendo sido importados e cujo extravio seja apurado pela administração aduaneira, excetuando-se as malas e remessas postais internacionais; e mercadorias importadas a granel que, por sua natureza ou condições de manuseio na descarga, estejam sujeitas à quebra ou a decréscimo, desde que o extravio não seja superior a 1%. Ocorrendo extravio superior a 1%, serão exigidas as contribuições sobre o que ultrapassar tal percentual.

4. MOMENTO NO QUAL DEVEM SER CALCULADAS AS CONTRIBUIÇÕES

Para efeito de cálculo das contribuições, considera-se ocorrido o fato gerador:

a. Na data do registro da declaração de importação de bens submetidos a despacho para consumo, inclusive na hipótese de despacho para consumo de bens importados sob regime suspensivo de tributação do imposto de importação;

b. No dia do lançamento do correspondente crédito tributário, quando se tratar de bens constantes de manifesto ou de outras declarações de efeito equivalente, cujo extravio ou avaria for apurado pela autoridade aduaneira;

c. Na data do vencimento do prazo de permanência dos bens em recinto alfandegado, se iniciado o respectivo despacho aduaneiro antes de aplicada a pena de perdimento, na situação prevista pelo artigo 18 da Lei nº 9.779/1999;

> **Nota:**
>
> O despacho aduaneiro poderá ser iniciado mediante o cumprimento das formalidades exigidas e o pagamento dos tributos incidentes na importação, acrescidos dos juros e da multa e das despesas decorrentes da permanência da mercadoria em recinto alfandegado.

d. Na data do pagamento, do crédito, da entrega, do emprego ou remessa de valores a residentes ou domiciliados no exterior como contraprestação por serviço prestado.

5. OPERAÇÕES SOBRE AS QUAIS NÃO INCIDEM AS CONTRIBUIÇÕES

As contribuições para o PIS – Importação e a COFINS – Importação não incidem sobre:

a. Bens que, corretamente descritos nos documentos de transporte, chegarem ao País por erro inequívoco ou comprovado de expedição, e que forem redestinados ou devolvidos para o exterior;

b. Bens idênticos, em igual quantidade e valor, destinados à reposição de outros anteriormente importados, revelados, depois do desembaraço aduaneiro, defeituosos ou imprestáveis para o fim a que se destinavam;

c. Bens objeto de pena de perdimento, salvo se não localizados, se consumidos ou revendidos;

d. Bens devolvidos ao exterior antes do registro da declaração de importação;

e. Pescado capturado fora das águas territoriais do Brasil, por empresa localizada em seu território, desde que satisfeitas as exigências que regulam a atividade pesqueira;

f. Bens sob o regime de exportação temporária;

g. Bens ou serviços importados por entidades beneficentes de assistência social que atendam às exigências estabelecidas em lei (artigo 195, § 7º, da Constituição Federal), observado o subitem 6.1;

h. Bens em trânsito aduaneiro de passagem, acidentalmente destruídos;

i. Bens avariados ou que se revelem imprestáveis para os fins a que se destinavam, desde que destruídos, sob controle aduaneiro, antes de despachados para o consumo, sem ônus para a Fazenda Nacional; e

j. Custo de transporte internacional e de outros serviços, que tiverem sido computados no valor aduaneiro que serviu de base de cálculo da contribuição.

6. OPERAÇÕES ISENTAS DAS CONTRIBUIÇÕES

São isentas do PIS – Importação e da COFINS – Importação (desde que os requisitos e condições exigidos para a isenção do IPI vinculado à importação sejam satisfeitos):

a. As importações realizadas:

    a1. Pela União, Estados, Distrito Federal e Municípios, suas autarquias e fundações instituídas e mantidas pelo poder público;

    a2. Pelas Missões Diplomáticas e Repartições Consulares de caráter permanente e pelos respectivos integrantes;

    a3. Pelas representações de organismos internacionais de caráter permanente, inclusive os de âmbito regional, dos quais o Brasil seja membro, e pelos respectivos integrantes;

b. As hipóteses de:

    b1. Amostras e remessas postais internacionais sem valor comercial;

    b2. Remessas postais e encomendas aéreas internacionais destinadas à pessoa física;

    b3. Bagagem de viajantes procedentes do exterior e bens importados a que se apliquem os regimes de importação simplificada ou especial;

    b4. Bens adquiridos em loja franca, no Brasil;

    b5. Bens trazidos do exterior, no comércio característico das cidades situadas nas fronteiras, destinados à subsistência da unidade familiar de residentes nas cidades fronteiriças brasileiras;

    b6. Bens importados sobre o regime de *drawback*, na modalidade de isenção;

CAPÍTULO 5

b7. Objetos de arte, tais como: artigos manufaturados decorados à mão, colagens e quadros semelhantes, gravuras, estampas e litografias, estátuas ou esculturas, antiguidades com mais de 100 anos, quadros, pinturas e desenhos feitos à mão, classificados nas posições 97.01, 97.02, 97.03 e 97.06 da Nomenclatura Comum do Mercosul (NCM), recebidos em doação, por museus instituídos e mantidos pelo poder público ou por outras entidades culturais reconhecidas como de utilidade pública;

b8. Partes, peças e componentes destinados à conservação, modernização e conversão de embarcações registradas no Registro Especial Brasileiro;

b9. Máquinas, equipamentos, aparelhos e instrumentos, e suas partes e peças de reposição, acessórios, matérias-primas e produtos intermediários, importados por instituições científicas e tecnológicas, atendidos os requisitos da Lei nº 8.010/1990;

b10. Embarcações construídas no Brasil e transferidas por matriz de empresa brasileira de navegação para subsidiária integral no exterior, que retornem ao registro brasileiro, como propriedade da mesma empresa nacional de origem.

6.1. Isenção – Hipóteses de pagamento prévio das contribuições

Quando a isenção for vinculada à qualidade do importador, a transferência de propriedade ou a cessão de uso dos bens, a qualquer título, obriga ao prévio pagamento das contribuições ao PIS e da COFINS.

Refogem a essa regra (portanto, não será exigido o pagamento das contribuições) se os bens forem transferidos ou cedidos:

a. À pessoa ou à entidade que goze de igual tratamento tributário, mediante prévia decisão da autoridade administrativa da SRF;

b. Depois do decurso do prazo de três anos, contado da data do registro da declaração de importação; e

c. A entidades beneficentes, reconhecidas como de utilidade pública, para serem comercializados em feiras, bazares e eventos assemelhados, desde que recebidas em doação de representações diplomáticas estrangeiras sediadas no Brasil.

6.2. Isenção vinculada à destinação dos bens – Condições para manutenção do benefício

A isenção concedida em função do emprego dado aos bens condiciona-se à comprovação posterior da sua efetiva utilização nas finalidades que motivaram a concessão.

Uma vez mantidas estas finalidades, e mediante prévia autorização da autoridade administrativa da SRF, poderá ser realizada a transferência da propriedade ou cessão do uso dos bens até o prazo de 3 anos, contado da data do registro da correspondente declaração de importação.

6.3. Transferência de propriedade ou cessão de uso de bens isentos das contribuições

Quando a isenção for vinculada à qualidade do importador, a transferência de propriedade ou a cessão de uso dos bens, a qualquer título, obrigará ao prévio pagamento das contribuições, não se aplicando aos bens transferidos ou cedidos:

a. À pessoa ou à entidade que goze de igual tratamento tributário, mediante prévia decisão da autoridade administrativa da Secretaria da Receita Federal do Brasil;

b. Depois do decurso do prazo de 3 anos, contados da data do registro da declaração de importação; e

c. A entidades beneficentes, reconhecidas como de utilidade pública, para serem vendidos em feiras, bazares e eventos semelhantes, desde que recebidos em doação de representações diplomáticas estrangeiras sediadas no País.

Notas:

(1) Quando vinculada à destinação dos bens, a isenção ficará condicionada à comprovação posterior do seu efetivo emprego nas finalidades que motivaram a concessão.

> (2) Desde que mantidas as finalidades que motivaram a concessão e mediante prévia decisão da autoridade administrativa da Secretaria da Receita Federal do Brasil, poderá ser transferida a propriedade ou cedido o uso dos bens antes de decorrido o prazo de 3 anos contados da data do registro da correspondente declaração de importação, mencionado na letra "b".

7. BASE DE CÁLCULO

A base de cálculo será:

I. O valor aduaneiro, no caso de entrada de bens estrangeiros no território nacional; e

II. O valor pago, creditado, entregue, empregado ou remetido para o exterior, antes da retenção do imposto de renda, acrescido do Imposto Sobre Serviços de Qualquer Natureza – ISS e do valor das próprias contribuições, na hipótese de pagamento, crédito, a entrega, emprego ou remessa de valores a residentes ou domiciliados no exterior como contraprestação por serviço prestado.

Em relação a "I" acima, consideram-se entrados no território nacional os bens que constem como tendo sido importados e cujo extravio venha a ser apurado pela administração aduaneira. Isso não se aplica, no entanto:

a. Às malas e às remessas postais internacionais; e

b. À mercadoria importada a granel que, por sua natureza ou condições de manuseio na descarga, esteja sujeita a quebra ou a decréscimo, desde que o extravio não seja superior a 1% (um por cento).

Na hipótese de ocorrer quebra ou decréscimo em percentual superior a 1% serão exigidas as contribuições somente em relação ao que exceder a 1% (um por cento).

7.1. Prêmios de resseguro cedidos ao exterior

No caso de prêmios de resseguro cedidos ao exterior, a base de cálculo das contribuições será de 15% do valor pago, entregue, empregado ou remetido, aplicando-se inclusive aos prêmios de seguros não enquadrados na letra "j" do item 5.

7.2. Hipóteses de redução de base de cálculo

A base de cálculo fica reduzida:

a. Em 30,2%, no caso de importação para revenda, de caminhões chassi com carga útil igual ou superior a 1.800 kg e caminhão monobloco com carga útil igual ou superior a 1.500 kg, classificados como Veículos Automóveis para Transporte de Mercadorias, classificado na posição 87.04 da Tipi;

b. Em 48,1%, no caso de importação, para revenda, dos produtos classificados nos códigos 84.29, 8432.40.00, 8432.80.00, 8433.20, 8433.30.00, 8433.40.00, 8433.5, 87.01, 8702.10.00 Ex. 02, 8702.90.90 Ex. 02, 8704.10.00, 87.05 e 8706.00.10 Ex. 01 (somente destinados aos produtos classificados na posição Ex. 02 dos códigos 8702.10.00 e 8702.90.90) da Tipi.

> **Nota:**
>
> Dentre os bens mencionados na letra "b", encontram-se máquinas e equipamentos para colheita, debulha de produtos agrícolas, veículos automóveis, tratores e outros veículos terrestres, para transporte de mercadorias, para usos especiais, chassi com motores.

8. ALÍQUOTAS

Sobre a base de cálculo apurada, aplicam-se as alíquotas de:

I. No caso de entrada de bens estrangeiros no território nacional;

    a. 2,1% (dois inteiros e um décimo por cento), para a Contribuição para o PIS – Importação; e

    b. 9,65% (nove inteiros e sessenta e cinco centésimos por cento), para a COFINS – Importação;

II. No caso de pagamento, o crédito, a entrega, o emprego ou a remessa de valores a residentes ou domiciliados no exterior como contraprestação por serviço prestado.

    a. 1,65% (um inteiro e sessenta e cinco centésimos por cento), para a Contribuição para o PIS – Importação;

b. 7,6% (sete inteiros e seis décimos por cento), para a COFINS - Importação.

8.1. Alíquotas específicas

As alíquotas diferenciadas a serem utilizadas para fins de cálculo das contribuições nas hipóteses previstas na Lei nº 10.865/2004, com vigência a partir de 1º.08.2004, encontram-se descritas a seguir.

Descrição	PIS	COFINS
Produtos farmacêuticos[1]	2,76%	13,03%
Produtos de perfumaria, de toucador ou higiene pessoal[2]	3,52%	16,48%
Máquinas, aparelhos e instrumentos mecânicos e suas partes, de uso agrícola, hortícola ou florestal, de debulha, autopropulsados, veículos automóveis, tratores, ciclos e outros veículos terrestres, suas partes e acessórios[3]	2,62%	12,57%
Pneus novos e câmaras de ar de borracha[4]	2,68%	12,35%
Autopeças[5]	2,62%	12,57%

Notas:

(1) Classificados nos códigos 30.01, 30.03 (exceto no código 3003.90.56), 30.04 (exceto no código 3004.90.46), nos itens 3002.10.1, 3002.10.2, 3002.10.3, 3002.20.1, 3002.20.2, 3006.30.1 e 3006.30.2, e nos códigos 3002.90.20, 3002.90.92, 3002.90.99, 3005.10.10 e 3006.60.00, da NCM. Classificados nas posições 3303.00 a 33.07 e nos códigos 3401.11.90, 3401.20.10 e 96.03.21.00, da NCM.

> (2) Classificados nos códigos 84.29, 8432.40.00, 8432.80.00, 8433.20, 8433.30.00, 8433.40.00, 8433.5, sendo todos estes autopropulsados. E, ainda, os veículos classificados nos códigos 87.01, 87.02, 87.03, 87.04, 87.05 e 87.06, da NCM.
>
> (3) Classificados nas posições 40.11 e 40.13, da NCM.
>
> (4) Relacionadas nos Anexos I e II da Lei n° 10.485/2002, exceto se efetuada pela pessoa jurídica fabricante de máquinas e veículos relacionados nos códigos mencionados na nota 3. Vale salientar que, de acordo com a MP n° 164/2004, esses produtos encontravam-se tributados com alíquota zero.

8.1.1. Gasolinas, exceto de aviação, óleo diesel, gás liquefeito de petróleo (GLP) e gás natural (regra geral) – regras suspensas para 2022

O § 8º do artigo 8º da Lei n° 10.865/2004 fixa os valores das contribuições ao PIS e para a COFINS – Importação, devidas sobre a importação de gasolinas e suas correntes, exceto gasolina de aviação, gás liquefeito de petróleo (GLP), derivado de petróleo e gás natural, por unidade de volume do produto, definidas no artigo 23 dessa mesma Lei, conforme observado a seguir:

Descrição	PIS	COFINS
Gasolinas e suas correntes, exceto gasolinas de aviação (por m³)	R$ 141,10	R$ 651,40
Óleo diesel e suas correntes (por m³)	R$ 82,20	R$ 379,30
Gás liquefeito de petróleo (GLP), derivado de petróleo e de gás natural (por tonelada)	R$ 119,40	R$ 551,40
Querosene de aviação (por m³)	R$ 48,90	R$ 225,50

8.1.1.1 Combustíveis e crédito presumido – regras válidas até 31.12.2022

Com a publicação da Lei Complementar n° 192/2022 foi reduzida a zero as alíquotas de PIS e Cofins sobre óleo diesel e suas correntes, querosene de aviação, gás liquefeito de petróleo (GLP) e gás natural, e biodiesel.

Por sua vez, a Lei Complementar n° 194/2022 reduziu a zero a alíquota de PIS e Cofins sobre a venda e importação de gasolina (exceto de aviação), etanol, e do Gás Natural Veicular (GNV), classificado nos códigos 2711.11.00 ou 2711.21.00 da NCM.

A mesma Lei Complementar n° 194/2022 autorizou o cálculo de crédito presumido de PIS/Cofins sobre a aquisição dos produtos: óleo diesel e suas correntes, querosene de aviação, gás liquefeito de petróleo (GLP) e gás natural, biodiesel e etanol, quando utilizados como insumo, inclusive aqueles importados.

O período de redução da alíquota e o crédito presumido acima tratados valem até 31 de dezembro de 2022, observadas as disposições trazidas pela LC n° 192 e 194 de 2022.

Em relação as empresas do Simples Nacional (LC n° 123/2006) que revendem estas mercadorias terão de calcular no DAS a parcela destinada ao PIS e a Cofins, isto porque o benefício da alíquota zero não contempla este regime.

8.2. Alíquota zero

O art. 28 da lei n° 10.865/2004 prevê a redução a 0 (zero) das alíquotas da contribuição para o PIS e da COFINS incidentes sobre a receita bruta decorrente da venda, no mercado interno de uma série de produtos, entre eles:

I. Papel destinado à impressão de jornais, pelo prazo de 4 (quatro) anos a contar da data de vigência desta Lei ou até que a produção nacional atenda 80% (oitenta por cento) do consumo interno, na forma a ser estabelecida em regulamento do Poder Executivo (vigente até 30/04/2016);

II. Papéis classificados nos códigos 4801.00.10, 4801.00.90, 4802.61.91, 4802.61.99, 4810.19.89 e 4810.22.90, todos da Tipi, destinados à impressão de periódicos pelo prazo de 4 (quatro) anos a contar da data de vigência desta Lei ou até que a produção nacional atenda 80% (oitenta por cento) do consumo interno (vigente até 30/04/2016);

III. Produtos hortícolas e frutas, classificados nos Capítulos 7 e 8, e ovos, classificados na posição 04.07, todos da Tipi;

IV. Aeronaves classificadas na posição 88.02 da Tipi, suas partes, peças, ferramentais, componentes, insumos, fluidos hidráulicos, tintas, anticorrosivos, lubrificantes, equipamentos, serviços e matérias-primas a serem empregados na manutenção, conservação, modernização, reparo, revisão, conversão e industrialização das aeronaves, seus motores, partes, componentes, ferramentais e equipamentos;

V. Sêmens e embriões da posição 05.11 da NCM;

VI. Livros, conforme definido no <u>art. 2º da Lei nº 10.753, de 30 de outubro de 2003</u>;

VII. Preparações compostas não alcoólicas, classificadas no código 2106.90.10 Ex. 01 da Tipi, destinadas à elaboração de bebidas pelas pessoas jurídicas industriais dos produtos referidos no art. 49 da Lei nº 10.833, de 29 de dezembro de 2003;

VIII. Veículos novos montados sobre chassis, com capacidade para 23 (vinte e três) a 44 (quarenta e quatro) pessoas, classificados nos códigos 8702.10.00 Ex. 02 e 8702.90.90 Ex. 02 da Tipi, destinados ao transporte escolar para a educação básica das redes estadual e municipal, quando adquiridos pela União, Estados, Municípios e pelo Distrito Federal, na forma a ser estabelecida em regulamento do Poder Executivo;

IX. Embarcações novas, com capacidade para 20 (vinte) a 35 (trinta e cinco) pessoas, classificadas no código 8901.90.00 da Tipi, destinadas ao transporte escolar para a educação básica das redes estadual e municipal, quando adquiridas pela União, Estados, Municípios e pelo Distrito Federal, na forma a ser estabelecida em regulamento do Poder Executivo;

X. Registradas no Registro Especial Brasileiro;

XI. Veículos e carros blindados de combate, novos, armados ou não, e suas partes, produzidos no Brasil, com peso bruto total até 30 (trinta) toneladas, classificados na posição 8710.00.00 da Tipi, destinados ao uso das Forças Armadas ou órgãos de segurança pública brasileiros, quando adquiridos por órgãos e entidades da administração pública direta, na forma a ser estabelecida em regulamento;

XII. Material de defesa, classificado nas posições 87.10.00.00 e 89.06.10.00 da Tipi, além de partes, peças, componentes, ferramentais, insumos, equipamentos e matérias-primas a serem empregados na sua industrialização, montagem, manutenção, modernização e conversão;

XIII. Serviços ou equipamentos de controle de produção, inclusive medidores de vazão, condutivímetros, aparelhos para controle, registro, gravação e transmissão dos quantitativos medidos, quando adquiridos por pessoas jurídicas legalmente responsáveis pela sua instalação e manutenção ou obrigadas à sua utilização, nos termos e condições fixados pela Secretaria da Receita Federal do Brasil;

XIV. Produtos classificados na posição 87.13 da Nomenclatura Comum do Mercosul-NCM;

XV. Artigos e aparelhos ortopédicos ou para fraturas classificados no código 90.21.10 da NCM;

XVI. Artigos e aparelhos de próteses classificados no código 90.21.3 da NCM;

XVII. Almofadas antiescaras classificadas nos Capítulos 39, 40, 63 e 94 da NCM;

XVIII. Bens relacionados em ato do Poder Executivo para aplicação nas Unidades Modulares de Saúde de que trata o Convênio ICMS nº 114, de 11 de dezembro de 2009, quando adquiridos por órgãos da administração pública direta federal, estadual, distrital e municipal;

XIX. Serviços de transporte ferroviário em sistema de trens de alta velocidade (TAV), assim entendido como a composição utilizada para efetuar a prestação do serviço público de transporte ferroviário que consiga atingir velocidade igual ou superior a 250 km/h (duzentos e cinquenta quilômetros por hora);

XX. Projetores para exibição cinematográfica, classificados no código 9007.2 da NCM, e suas partes e acessórios, classificados no código 9007.9 da NCM;

XXI. Produtos classificados nos códigos 8443.32.22, 8469.00.39 Ex. 01, 8714.20.00, 9021.40.00, 9021.90.82 e 9021.90.92, todos da Tipi;

XXII. Calculadoras equipadas com sintetizador de voz classificadas no código 8470.10.00 Ex. 01 da Tipi;

XXIII. Teclados com adaptações específicas para uso por pessoas com deficiência, classificados no código 8471.60.52 da Tipi;

XXIV. Indicador ou apontador – *mouse* – com adaptações específicas para uso por pessoas com deficiência, classificado no código 8471.60.53 da Tipi;

XXV. Linhas braile classificadas no código 8471.60.90 Ex. 01 da Tipi;

XXVI. Digitalizadores de imagens – *scanners* – equipados com sintetizador de voz classificados no código 8471.90.14 Ex. 01 da Tipi;

XXVII. Duplicadores braile classificados no código 8472.10.00 Ex. 01 da Tipi;

XXVIII. Acionadores de pressão classificados no código 8471.60.53 Ex. 02 da Tipi;

XXIX. Lupas eletrônicas do tipo utilizado por pessoas com deficiência visual classificadas no código 8525.80.19 Ex. 01 da Tipi;

XXX. Implantes cocleares classificados no código 9021.40.00 da Tipi;

XXXI. Próteses oculares classificadas no código 9021.39.80 da Tipi;

XXXII. Programas – *softwares* – de leitores de tela que convertem texto em voz sintetizada para auxílio de pessoas com deficiência visual;

XXXIII. Aparelhos contendo programas – *softwares* – de leitores de tela que convertem texto em caracteres braile, para utilização de surdos-cegos;

XXXIV. Neuroestimuladores para tremor essencial/ Parkinson, classificados no código 9021.90.19, e seus acessórios, classificados nos códigos 9018.90.99, 9021.90.91 e 9021.90.99, todos da Tipi;

XXXV. (VETADO);

XXXVI. Produtos classificados no Ex. 01 do código 8503.00.90 da Tipi; e

XXXVII. Produtos classificados no Ex. 01 do código 8503.00.90 da Tipi, exceto pás eólicas.

8.3 Produtos que sofrem acréscimo de um ponto percentual até 31.12.2023

De acordo com o § 21 do art. 8º da Lei 10.865/2004, até 31 de dezembro de 2023, as alíquotas da COFINS – Importação tratadas neste item ficam acrescidas de um ponto percentual na hipótese de importação dos bens classificados na Tipi, em relação aos códigos que especifica.

9. OPERAÇÕES ISENTAS

São isentas das contribuições as importações realizadas:

a. Pela União, Estados, Distrito Federal e Municípios, suas autarquias e fundações instituídas e mantidas pelo poder público;

b. Pelas Missões Diplomáticas e Repartições Consulares de caráter permanente e pelos respectivos integrantes;

c. Pelas representações de organismos internacionais de caráter permanente, inclusive os de âmbito regional, dos quais o Brasil seja membro, e pelos respectivos integrantes.

A isenção também se aplica às hipóteses de:

a. Amostras e remessas postais internacionais, sem valor comercial;

b. Remessas postais e encomendas aéreas internacionais, destinadas à pessoa física;

c. Bagagens de viajantes procedentes do exterior e bens importados a que se apliquem os regimes de tributação simplificada ou especial;

d. Bens adquiridos em loja franca no País;

e. Bens trazidos do exterior, no comércio característico das cidades situadas nas fronteiras terrestres, destinados à subsistência da unidade familiar de residentes nas cidades fronteiriças brasileiras;

f. Bens importados sob o regime aduaneiro especial de *drawback*, na modalidade de isenção;

g. Objetos de arte, classificados nas posições 97.01, 97.02, 97.03 e 97.06 da NCM, recebidos em doação, por museus instituídos e mantidos pelo poder público ou por outras entidades culturais reconhecidas como de utilidade pública; e

h. Máquinas, equipamentos, aparelhos e instrumentos, suas partes e peças de reposição, acessórios, matérias-primas e produtos intermediários, importados por instituições científicas e tecnológicas e por cientistas e pesquisadores, conforme o disposto na Lei nº 8.010/1990.

Notas:

(1) As isenções somente serão concedidas se forem satisfeitos os requisitos e condições para o reconhecimento de isenção do Imposto sobre Produtos Industrializados (IPI) vinculado à importação.

(2) A legislação prevê suspensão da exigência das contribuições para o PIS e para a COFINS incidentes sobre as importações efetuadas por empresas localizadas na Zona Franca de Manaus de matérias-primas, produtos intermediários e materiais de

> embalagem para emprego em processo de industrialização por estabelecimentos industriais instalados na Zona Franca de Manaus, e consoante projetos aprovados pelo Conselho de Administração da Superintendência da Zona Franca de Manaus (Suframa).
>
> (3) A incidência das contribuições ficará suspensa no caso de venda de matérias-primas, produtos intermediários e materiais de embalagem destinados à pessoa jurídica preponderantemente exportadora (artigo 24, inciso III da Instrução Normativa SRF nº 2.121/2022).
>
> (4) De acordo com o artigo 1º do Decreto nº 6.127/2007, fica suspensa a exigência das contribuições incidentes sobre a receita auferida por fabricante na venda, à empresa sediada no exterior para entrega em território nacional, de material de embalagem a ser totalmente utilizado no acondicionamento de mercadoria destinada à exportação para o exterior. Essa suspensão converte-se em alíquota zero após a exportação da mercadoria acondicionada.

10. PRAZO PARA RECOLHIMENTO E CÓDIGOS DE DARF

As contribuições são devidas:

a. Na data do registro da declaração de importação, no caso de entrada de bens estrangeiros;

b. Na data do pagamento, crédito, entrega, emprego ou remessa, a residentes ou domiciliados no exterior como contraprestação por serviço prestado;

c. Na data de vencimento do prazo de permanência do bem no recinto alfandegário, no caso da letra "c" do item 4. As contribuições serão recolhidas sob os códigos:

COFINS – Importação Bens	5629
COFINS – Importação de Bens (lançamento de ofício)	4685
COFINS – Importação de Serviços	5442
PIS – Importação de Bens	5602
PIS-Importação de Bens (lançamento de ofício)	4562
PIS – Importação de Serviços	5434

11. CRÉDITOS – POSSIBILIDADE DE APROVEITAMENTO

As pessoas jurídicas sujeitas à apuração das contribuições ao PIS e para a COFINS não cumulativas conforme abordado no Capítulo 4 poderão descontar créditos em relação às importações sujeitas à contribuição ao PIS – Importação e à COFINS – Importação nos seguintes casos:

a. Bens adquiridos para revenda;

b. Bens e serviços utilizados como insumo na prestação de serviços e na produção ou fabricação de bens ou produtos destinados à venda, inclusive combustível e lubrificantes;

Nota:

O crédito referido nesta letra "b" alcança os direitos autorais pagos pela indústria fonográfica desde que esses direitos tenham se sujeitado ao pagamento da COFINS e do PIS.

c. Energia elétrica consumida nos estabelecimentos da pessoa jurídica;

d. Aluguéis e contraprestações de arrendamento mercantil de prédios, máquinas e equipamentos, embarcações e aeronaves, utilizados na atividade da empresa;

e. Máquinas, equipamentos e outros bens incorporados ao Ativo Imobilizado, adquiridos para utilização na produção de bens destinados à venda, ou na prestação de serviços.

Nessa hipótese, a legislação da COFINS e da contribuição para o PIS/ PASEP não cumulativas, inclusive sobre a importação, já previa a figura dos créditos sobre a aquisição de bens para o Ativo Imobilizado nos seguintes moldes:

e1. Créditos determinados mediante a aplicação das alíquotas das contribuições sobre o valor dos encargos de depreciação e amortização de máquinas, equipamentos e outros bens incorporados ao Ativo Imobilizado adquiridos, a partir de 1º.05.2004, para utilização na produção de bens destinados à venda ou na prestação de serviços e de edificações e benfeitorias em imóveis próprios ou de terceiros, utilizados nas atividades da empresa;

e2. Créditos mediante a aplicação, a cada mês, das alíquotas das contribuições sobre o valor de aquisição do bem. Conforme visto no Capítulo 4, esses créditos podem ser aproveitados em 48, 24, 12 meses e, mais recentemente (a partir de 03.08.2011), de forma escalonada.

O artigo 31 da Lei nº 10.865/2004 proibiu o aproveitamento de créditos do PIS e da COFINS apurados sobre a depreciação ou amortização de bens e direitos do Ativo Imobilizado adquiridos até 30.04.2004.

Observa-se que:

- O direito ao crédito aplica-se em relação às contribuições efetivamente pagas na importação de bens e serviços a partir de 1º.05.2004;

- O aproveitamento do crédito não utilizado em determinado mês poderá sê-lo nos meses subsequentes.

Em relação ao aproveitamento de créditos referidos no tópico "e", acima, a Lei nº 12.973/2014 estabelece que:

I. Os valores decorrentes do ajuste a valor presente de que trata o inciso III do *caput* do artigo 184 da Lei nº 6.404, de 15 de dezembro de 1976, poderão ser considerados como parte integrante do custo ou valor de aquisição;

II. Não serão computados os ganhos e perdas decorrentes de avaliação de ativo com base no valor justo; e

III. Não se aplica no caso de bem objeto de arrendamento mercantil, na pessoa jurídica arrendatária.

11.1. Determinação do crédito

De acordo com o § 3º do artigo 15 da Lei nº 10.865/2004, os créditos são apurados mediante a aplicação das alíquotas referidas no item 8, sobre o valor que serviu de base de cálculo para as contribuições, acrescido do valor do IPI vinculado à importação, quando integrante do custo de aquisição.

Para os efeitos de apuração dos créditos, nos casos de pessoas jurídicas com parte do faturamento sujeita ao regime cumulativo, aplica-se proporcionalização dos créditos em relação às receitas.

11.2. Vedação à utilização do crédito

É vedada a utilização dos créditos acima nas hipóteses em que o contribuinte ou a receita permanecem sujeitos ao regime da cumulatividade.

É também vedado o aproveitamento de crédito pela pessoa jurídica enquadrada no regime não cumulativo, em relação às mercadorias cuja contribuição seja exigida da empresa vendedora, na condição de substituto tributário e de álcool para fins carburantes.

Lembre-se de que gera direito aos créditos a importação efetuada com isenção, exceto na hipótese de os produtos serem revendidos ou utilizados como insumo em produtos ou serviços sujeitos à alíquota zero, isentos ou não alcançados pela contribuição.

11.3. Créditos permitidos para as pessoas jurídicas importadoras

A Lei nº 10.865/2004 ampliou a abrangência do artigo 17 da MP nº 164/2004 tanto em relação aos contribuintes como em relação às hipóteses permitidas.

Destarte, as pessoas jurídicas importadoras dos produtos a seguir poderão descontar o crédito, para fins de determinação das contribuições para o PIS e para a COFINS, em relação à importação desses produtos e nas hipóteses adiante descritas:

a. Produtos farmacêuticos[16], produtos de perfumaria, de toucador ou de higiene pessoal[17], máquinas e veículos[18], pneus novos de borracha e câmaras de ar de borracha[19], embalagens para refrigerante, cerveja e água[20], refrigerante e cerveja, quando destinados à revenda;

b. Gasolinas, exceto de aviação, óleo diesel, gás liquefeito de petróleo (GLP), derivado de petróleo, gás natural e querosene de aviação, quando destinados à revenda, mesmo que ocorra fase intermediária de mistura;

c. Autopeças[21], quando destinadas à revenda ou à utilização como insumo na produção de autopeças relacionadas nos Anexos I e II da Lei nº 10.485/2002; e

---

16   Classificados nos códigos 30.01, 30.03 (exceto no código 3003.90.56), 30.04 (exceto no código 3004.90.46), nos itens 3002.10.1, 3002.10.2, 3002.10.3, 3002.20.1, 3002.20.2, 3006.30.1 e 3006.30.2, e nos códigos 3002.90.20, 3002.90.92, 3002.90.99, 3005.10.10 e 3006.60.00, da NCM.

17   Classificados nas posições 3303.00 a 33.07 e nos códigos 3401.11.90, 3401.20.10 e 9603.21.00.

18   Classificados nos códigos 84.29, 8432.40.00, 8432.80.00, 8433.20, 8433.30.00, 8433.40.00, 8433.5, sendo todos estes autopropulsados. E, ainda, os veículos classificados nos códigos 87.01, 87.02, 87.03, 87.04, 87.05 e 87.06, da NCM.

19   Classificados nas posições 40.11 e 40.13, da NCM.

20   Classificados nas posições 22.01, 22.02 e 22.03, da NCM.

21   Relacionadas nos Anexos I e II da Lei nº 10.485/2002, exceto se efetuada pela pessoa jurídica fabricante de máquinas e veículos relacionados nos códigos mencionados na nota 3.

d. Papel imune[22], quando destinado à revenda ou à impressão de periódicos.

Vale salientar que, de acordo com a MP nº 164/2004, esses produtos encontravam-se tributados à alíquota zero.

12. REGIMES ADUANEIROS ESPECIAIS

As normas relativas à suspensão do pagamento do Imposto de Importação ou do IPI vinculado à importação, relativas aos regimes aduaneiros especiais, aplicam-se também à contribuição ao PIS e à COFINS, inclusive nos casos de importações, efetuadas por empresas localizadas na Zona Franca de Manaus, de bens a serem empregados na elaboração de matérias-primas, produtos intermediários e materiais de embalagem destinados a emprego em processo de industrialização por estabelecimentos ali instalados, consoante projeto aprovado pelo Conselho de Administração da Superintendência da Zona Franca de Manaus (Suframa) de que trata o artigo 5º-A da Lei nº 10.637/2002.

---

22 Imunidade tratada no artigo 150, VI, alínea "d", da Constituição Federal, ressalvados os papéis classificados nos códigos 4801.00.10, 4801.00.90, 4802.61.91, 4802.61.99, 4810.19.89 e 4810.22.90 da Tipi, descritos na letra "d" do subitem 8.2 que trata das hipóteses de incidência das contribuições à alíquota zero. A Lei nº 10.856/2004 atribuiu ao Poder Executivo a competência para regulamentar as disposições sobre as alíquotas mencionadas.

13. SUSPENSÃO

13.1. Aquisição de máquinas e equipamentos para a produção de papéis destinados à impressão de jornais e periódicos

De acordo com a Lei nº 11.196/2005, artigo 55, a venda ou a importação de máquinas e equipamentos utilizados na fabricação de papéis destinados à impressão de jornais ou de papéis classificados nos códigos 4801.00.10, 4801.00.90, 4802.61.91, 4802.61.99, 4810.19.89 e 4810.22.90 da Tipi, destinados à impressão de periódicos, serão efetuadas com suspensão da exigência:

I.   Das contribuições para o PIS e para a COFINS incidentes sobre a receita bruta da venda no mercado interno, quando os referidos bens forem adquiridos por pessoa jurídica industrial habilitada ao regime, para incorporação ao seu Ativo Imobilizado; ou

II. Das contribuições para o PIS – Importação e para a COFINS – Importação, quando os referidos bens forem importados diretamente por pessoa jurídica industrial habilitada ao regime, para incorporação ao seu Ativo Imobilizado.

Somente pode adquirir no mercado interno ou importar máquinas e equipamentos com suspensão da exigibilidade das mencionadas contribuições a pessoa jurídica previamente habilitada a esse regime pela Secretaria da Receita Federal do Brasil (RFB).

A habilitação ao referido regime somente pode ser requerida por pessoa jurídica:

a. Fabricante dos papéis destinados à impressão de jornais ou dos papéis classificados nos códigos 4801.00.10 e 4801.00.90 (papel-jornal, em rolos ou em folhas, de peso inferior ou igual a 57g/m^2, em que 65% ou mais, em peso, do conteúdo total de fibras seja constituído por fibras de madeiras obtidas por processo mecânico); 4802.61.91 e 4802.61.99 (papéis e cartões, em que mais de 10%, em peso, do conteúdo total de fibras seja constituído por fibras obtidas por processo mecânico ou químico-mecânico, em rolos, de peso inferior ou igual a 57g/m^2, em que 65% ou mais, em peso, do conteúdo total de fibras seja constituído por fibras de madeiras obtidas por processo mecânico); 4810.19.89 (papel e cartão revestidos de caulim ou de outras substâncias inorgânicas em uma ou nas duas faces, com ou sem aglutinantes, sem qualquer outro revestimento, mesmo coloridos à superfície, decorados à superfície ou impressos, em rolos ou em folhas de forma quadrada ou retangular, de quaisquer dimensões); e 4810.22.90 (papel e cartão dos tipos utilizados para escrita, impressão ou outras finalidades gráficas, em que mais de 10%, em peso, do conteúdo total de fibras seja constituído por fibras obtidas por processo mecânico ou quími-co-mecânico) da Tipi; e

b. Que auferir com a venda dos papéis de produção própria, referidos na letra "a", valor igual ou superior a 80% da sua receita total de venda de papéis, observando-se que este percentual será apurado:

   b1. Depois de excluídos os impostos e as contribuições incidentes sobre a venda de papéis; e b2. Considerando-se a média obtida, a partir do início da utilização do bem adquirido com suspensão, durante o período de 18 meses.

Depois de cumprida a condição prevista na letra "b", observados os prazos de apuração do percentual de vendas de papéis destinados à impressão de jornais e periódicos, a suspensão da exigibilidade das contribuições será convertida em alíquota zero.

Notas:

(1) O prazo do início da utilização do bem adquirido com suspensão referido em "b.2" não poderá ser superior a 3 anos contados a partir da data de aquisição ou do registro da Declaração de Importação (DI).

(2) Ressalta-se que na emissão de notas fiscais relativas às vendas efetuadas com a suspensão das contribuições, deve constar a expressão "Venda efetuada com suspensão da exigência da contribuição para o PIS e da COFINS", com a especificação do dispositivo legal correspondente e do número do ato que concedeu a habilitação ao adquirente.

13.2. Mercadoria para emprego ou consumo na industrialização ou elaboração de produto a ser exportado

De acordo com o artigo 12 da Lei nº 11.945/2009, a aquisição no mercado interno, ou na importação, de forma combinada ou não, de mercadoria para emprego ou consumo na industrialização de produto a ser exportado poderá ser realizada com suspensão do Imposto de Importação, do Imposto sobre Produtos Industrializados (IPI), da contribuição para o PIS/ PASEP e da COFINS, da contribuição para o PIS – Importação e da COFINS – Importação. Esclareça-se que essas suspensões:

I. Se também à aquisição no mercado interno ou à importação de mercadorias para emprego em reparo, criação, cultivo ou atividade extrativista de produto a ser exportado;

II. Não alcançam as hipóteses previstas nos incisos IV a IX do artigo 3º da Lei nº 10.637/2002, e nos incisos III a IX do artigo 3º da Lei nº 10.833/2003, e nos incisos do artigo 15 da Lei nº 10.865/2004.

Apenas a pessoa jurídica exportadora habilitada pela Secretaria de Comércio Exterior poderá efetuar aquisições ou importações com suspensão na forma deste subitem.

13.3. Repes e Recap

Foi instituído o Regime Especial de Tributação para a Plataforma de Exportação de Serviços de Tecnologia da Informação (Repes) e o Regime Especial de Aquisição de Bens de Capital para Empresas Exportadoras (Recap), nos termos e condições estabelecidos pela RFB (Lei nº 11.196/2005, com as alterações da Lei nº 11.774/2008).

As pessoas jurídicas beneficiárias do Repes terão suspensa a exigência do PIS e da COFINS incidentes sobre a importação de:

a. Bens novos destinados ao desenvolvimento, no País, de *software* e de serviços de tecnologia da informação, quando importados diretamente pelo beneficiário para incorporação ao seu Ativo Imobilizado; e

b. Serviços destinados ao desenvolvimento, no País, de *software* e de serviços de tecnologia da informação, quando importados diretamente pelo beneficiário.

As pessoas jurídicas beneficiárias do Recap terão suspensa a exigência do PIS e da COFINS, incidentes sobre a venda ou importação de bens de capital, novos, classificados nos códigos da Tabela de Incidência do Imposto sobre Produtos Industrializados (Tipi), aprovada pelo Decreto nº 6.006/2006, relacionados no Anexo ao Decreto nº 5.789/2006, alterado pelo Decreto nº 6.581/2008.

CAPÍTULO 6
REGIMES ESPECIAIS

1. QUEM ESTÁ SUJEITO AOS REGIMES ESPECIAIS

A maioria dos regimes especiais se refere à incidência especial em relação ao tipo de receita e não a pessoas jurídicas, devendo a pessoa jurídica calcular ainda a contribuição para o PIS e a COFINS no regime de incidência não cumulativa ou cumulativa, conforme o caso, sobre as demais receitas.

Observa-se que este capítulo tem como objetivo mostrar ao leitor, em linhas gerais, que além das formas tradicionais de apuração e recolhimento das contribuições (cumulativo, não cumulativo, importação etc.), o Fisco impõe ou faculta aos contribuintes formas alternativas de recolhimento das referidas contribuições, as quais, na maioria dos casos, têm relação com o tipo de receita, e não com a pessoa jurídica.

O tema é amplo e todas as fontes de informação são imprescindíveis. Neste caso específico, a maioria das informações foi obtida diretamente do *site* oficial da Receita Federal do Brasil.

2. DIVISÃO DOS REGIMES ESPECIAIS

De modo geral, os regimes especiais podem ser subdivididos em:

a. Base de cálculo e alíquotas diferenciadas;

b. Base de cálculo diferenciada;

c. Substituição tributária;

d. Alíquotas diferenciadas (alíquotas concentradas e alíquotas reduzidas).

A seguir, comentamos cada um desses regimes.

3. BASE DE CÁLCULO E ALÍQUOTAS DIFERENCIADAS

3.1. Instituições financeiras

Excluídas da incidência não cumulativa, as instituições financeiras – inclusive as cooperativas de crédito, e as pessoas jurídicas que tenham por objeto a securitização de créditos imobiliários, financeiros e agrícolas –, têm direito a deduções específicas para apuração da sua base de cálculo, que incide sobre o total das receitas. Além disso, estão sujeitas à alíquota de 4% para cálculo da COFINS.

Lembre-se de que a alíquota da COFINS de 4% aplica-se aos Agentes Autônomos de Seguros Privados e às Associações de Poupança e Empréstimo (Lei nº 9.718, de 1998, artigo 3º, §§ 5º a 9º; MP nº 2.158-35, de 2001; Lei nº

9.701, de 1988, artigo 1º; Lei nº 10.684, de 2003, artigo 18).
(ADI SRF nº 21/2003)

3.2. Entidades sem fins lucrativos

As entidades sem fins lucrativos de que trata o artigo 13 da MP nº 2.158-35, de 2001, calculam a contribuição para o PIS com base na folha de salários, à alíquota de 1%.

As sociedades cooperativas, além da incidência da contribuição para o PIS e da COFINS sobre o faturamento, também apuram a contribuição para o PIS com base na folha de salários relativamente às operações referidas na MP nº 2.158-35, de 2001, artigo 15, I a V. (MP nº 2.158, de 2001, artigo 15)

Já as sociedades cooperativas de crédito e de transporte rodoviário de cargas, na apuração dos valores devidos a título de COFINS e de contribuição para o PIS incidente sobre o faturamento poderão excluir da base de cálculo os ingressos decorrentes do ato cooperativo, aplicando-se, no que couber, o disposto no artigo 15 da Medida Provisória nº 2.158-35/2001, e demais normas relativas às cooperativas de produção agropecuária e de infraestrutura. (Lei nº 11.051/2004, artigo 30)

3.3. Pessoas jurídicas de direito público interno

Essas pessoas jurídicas apuram a contribuição para o PIS com base nas receitas correntes arrecadadas e nas transferências correntes e de capital recebidas, e não estão sujeitas à COFINS. (Lei nº 9.715/1998, artigos 2º, III, 7º e 15)

4. BASE DE CÁLCULO DIFERENCIADA

4.1. Empresas de factoring

As empresas de fomento comercial (*factoring*) estão obrigadas ao lucro real (Lei nº 9.718, artigo 14, inciso VI) e, portanto, estão sujeitas à não cumulatividade, devendo apurar a contribuição para o PIS com a aplicação da alíquota de 1,65% e a COFINS com a aplicação da alíquota de 7,6%.

Na aquisição com deságio de direitos creditórios resultantes de vendas mercantis a prazo ou de prestação de serviços, por empresas de fomento comercial (*factoring*), considera-se receita bruta o valor da diferença entre o valor de aquisição e o valor de face do título ou direito creditório adquirido.

4.2. Operações de câmbio, realizadas por instituição autorizada pelo Banco Central do Brasil

As operações de câmbio, realizadas por instituição autorizada pelo Banco Central do Brasil, estão sempre sujeitas ao regime de incidência cumulativo. (Lei nº 10.637/2002, artigo 8º, I; e Lei nº 10.833/2003, artigo 10, inciso I)

Para esses casos, utilizam-se as alíquotas de 0,65% para a contribuição para o PIS e 4% para a COFINS. (Lei nº 10.648/2003, artigo 18)

Considera-se receita bruta a diferença positiva entre o preço de venda e o preço de compra da moeda estrangeira. (Lei nº 9.718/1998, artigo 3º, § 4º)

4.3. Receitas relativas às operações de venda de veículos usados

As receitas relativas às operações de venda de veículos usados, adquiridos para revenda, bem assim dos recebidos como parte do preço da venda de veículos novos ou usados, quando auferidas por pessoas jurídicas que tenham como objeto social, declarado em seus atos constitutivos, a compra e venda de veículos automotores, estão sujeitas ao regime de incidência cumulativo (Lei nº 10.637/2002, artigo 8º, VII, "c", e Lei nº 10.833/2003, artigo 10, VII, "c") e poderão ser equiparadas, para efeitos tributários, como operação de consignação. (Lei nº 9.716/1998, artigo 5º)

4.4. Operações de compra e venda de energia elétrica, no âmbito do MAE

As operações de compra e venda de energia elétrica, no âmbito do Mercado Atacadista de Energia Elétrica (MAE), pelas pessoas jurídicas submetidas ao regime especial de que trata o artigo 47 da Lei nº 10.637/2002, sujeitam-se ao regime de incidência cumulativo.

Considera-se receita bruta auferida nas operações de compra e venda de energia elétrica realizadas na forma da regulamentação de que trata o artigo 14 da Lei nº 9.648/1998, com a redação dada pela Lei nº 10.433/2002, para efeitos de incidência da contribuição para o PIS e da COFINS, os resultados positivos apurados mensalmente pela pessoa jurídica optante. (Lei nº 10.637/2002, artigo 47)

5. SUBSTITUIÇÃO TRIBUTÁRIA (NÃO ALCANÇADA PELA INCIDÊNCIA NÃO CUMULATIVA)

5.1. Veículos

Os fabricantes e os importadores de veículos autopropulsados descritos nos códigos 8432.30 e 87.11 da Tipi estão obrigados a cobrar e a recolher a contribuição para o PIS e a COFINS, na condição de contribuintes substitutos, em relação às vendas feitas a comerciantes varejistas dos mencionados produtos.

A base de cálculo será calculada sobre o preço de venda da pessoa jurídica fabricante.

Lembre-se de que as receitas decorrentes das operações sujeitas à substituição tributária não são alcançadas pela incidência não cumulativa. (MP nº 2.158-35, de 2001, artigo 43, parcialmente revogado pela Lei nº 10.485, 3 de julho de 2002; "Plantão Fiscal" – Perguntas e Respostas sobre contribuição para o PIS e COFINS).

CAPÍTULO 7
SOCIEDADES COOPERATIVAS

1. CONTRIBUINTES

São contribuintes do PIS e da COFINS as sociedades cooperativas em geral no que tange

a. À contribuição para o PIS e à Contribuição para o Financiamento da Seguridade Social (COFINS) incidentes sobre o faturamento;
b. À contribuição para o PIS – Importação e à COFINS – Importação; e
c. À contribuição para o PIS incidente sobre a folha de salários.

1.1. Formas de apuração

As sociedades cooperativas (exceto as de produção agropecuária e as de consumo) apuram a contribuição para o PIS e a COFINS no regime de incidência cumulativa.

As sociedades cooperativas de produção agropecuária e as de consumo apuram a contribuição para o PIS e a COFINS no regime de incidência:

a. Cumulativa, para os fatos geradores ocorridos até 31 de julho de 2004; e

b. Não cumulativa, para fatos geradores ocorridos a partir de 1º de agosto de 2004.

1.2. Regimes de apuração da receita e de incidência das contribuições

As cooperativas autorizadas a optar pelo regime de tributação do Imposto de Renda com base no lucro presumido poderão adotar o regime de caixa para fins da incidência da contribuição para o PIS e da COFINS.

A adoção do regime de caixa está condicionada à adoção do mesmo critério em relação ao Imposto de Renda e à Contribuição Social sobre o Lucro Líquido (CSLL).

2. VENDAS DE PRODUTOS ENTREGUES PARA COMERCIALIZAÇÃO

As sociedades cooperativas, na hipótese de realizarem vendas de produtos entregues para comercialização por suas associadas pessoas jurídicas, são responsáveis pelo recolhimento das contribuições sociais por estas devidas em relação às receitas decorrentes das vendas desses produtos.

Essa responsabilidade aplica-se também na hipótese de as cooperativas entregarem a produção de suas associadas, para revenda, à central de cooperativas.

As contribuições para o PIS e para a COFINS devidas pelas sociedades cooperativas que se dedicam a vendas em comum (artigo 66 da Lei nº 9.430/1996), devem ser apuradas conforme a mesma sistemática cumulativa ou não cumulativa, e de acordo com as disposições legais aplicáveis a que estariam sujeitas as respectivas operações de comercialização se fossem praticadas diretamente por suas associadas.

Lembre-se de que o valor das contribuições sociais pago pelas cooperativas deve ser por elas informado, individualizadamente, às suas associadas, juntamente com o montante do faturamento atribuído a cada uma delas pela venda em comum dos produtos entregues, com vistas a atender os procedimentos contábeis exigidos pela legislação tributária.

2.1. Pessoa jurídica cooperada, sujeita à sistemática de apuração não cumulativa

A pessoa jurídica cooperada, sujeita à sistemática de apuração não cumulativa, deve informar mensalmente à sociedade cooperativa os valores dos créditos apropriados para que estes sejam descontados dos débitos apurados estando os referidos créditos limitados ao valor da contribuição apurado. O saldo credor remanescente poderá ser descontado pela pessoa jurídica cooperada das contribuições para o PIS e para a COFINS decorrentes de outras operações realizadas.

2.2. Valores retidos

Os valores retidos a título de PIS e COFINS poderão ser considerados, para fins de compensação, com os montantes devidos a título dessas contribuições sociais.

2.3. Informes de crédito

As sociedades cooperativas devem manter os informes de crédito, bem como as suas associadas, os documentos comprobatórios da regularidade dos créditos informados, para a apresentação à fiscalização quando solicitados.

3. FATO GERADOR

O fato gerador das contribuições para o PIS e para a COFINS incidentes sobre o faturamento é o auferimento de receita.

4. ALÍQUOTAS

As alíquotas da contribuição para o PIS e da COFINS são de:

a. 0,65% (sessenta e cinco centésimos por cento) e de 3% (três por cento), respectivamente, para as cooperativas que apuram as contribuições no regime de incidência cumulativa; e

b. 1,65% (um inteiro e sessenta e cinco centésimos por cento) e 7,6% (sete inteiros e seis décimos por cento), respectivamente, para as cooperativas que apuram as contribuições no regime de incidência não cumulativa.

4.1. Sociedade cooperativa de crédito

A sociedade cooperativa de crédito deve apurar a contribuição para o PIS e a COFINS mediante a aplicação das alíquotas 0,65% (sessenta e cinco centésimos por cento) e de 4% (quatro por cento), respectivamente.

4.2. Redução a zero das alíquotas – Hipóteses

Estão reduzidas a 0 (zero) as alíquotas das contribuições para o PIS/ PASEP e para a COFINS incidentes sobre a receita bruta auferida com a venda, no mercado interno, dos seguintes produtos:

I. Adubos ou fertilizantes classificados no Capítulo 31, da Tabela de Incidência do Imposto sobre Produtos Industrializados (Tipi), e suas matérias-primas, exceto os produtos de uso veterinário;

II. Defensivos agropecuários classificados na posição 38.08 da Tipi e suas matérias-primas;

III. Sementes e mudas destinadas à semeadura e ao plantio, em conformidade com o disposto na Lei nº 10.711/2003, e produtos de natureza biológica utilizados em sua produção;

IV. Corretivo de solo de origem mineral classificado no Capítulo 25 da Tipi;

V. Feijão preto e branco, arroz parboilizado ou não, e farinha de tubérculos, produtos esses classificados nos códigos 0713.33.19, 0713.33.29, 0713.33.99, 1006.20, 1006.30 e 1106.20 da Tipi;

VI.	Inoculantes agrícolas produzidos a partir de bactérias fixadoras de nitrogênio, classificados no código 3002.90.99 da Tipi;
VII.	Vacinas para medicina veterinária, classificadas no Código 3002.30 da Tipi;
VIII.	Farinha, grumos e sêmolas, grãos esmagados ou em flocos, de milho, classificados, respectivamente, nos códigos 1102.20, 1103.13 e 1104.19, todos da Tipi;
IX.	Pintos de 1 (um) dia classificados no código 0105.11 da Tipi;
X.	Leite fluido pasteurizado ou industrializado, na forma ultrapasteurizado, destinado ao consumo humano;
XI.	Leite em pó, integral ou desnatado, destinado ao consumo humano; e
XII.	Queijos tipo mozarela, minas, prato, queijo coalho, ricota e requeijão.

4.3. Venda de gasolinas e suas correntes e outros

Na hipótese de venda de gasolinas e suas correntes, exceto gasolina de aviação, óleo diesel e suas correntes, gás liquefeito de petróleo (GLP), derivado de petróleo e de gás natural, querosene de aviação, biodiesel, álcool para fins carburantes, produtos farmacêuticos, de perfumaria, de toucador ou de higiene pessoal de que trata o artigo 1º da Lei nº 10.147/2000, máquinas, veículos, pneus novos de borracha e câmaras de ar de borracha de que tratam os artigos 1º e 5º da Lei nº 10.485/2002, e de autopeças relacionadas nos Anexos I e II da citada Lei nº 10.485/2002, as sociedades cooperativas devem apurar a contribuição para o PIS e a COFINS na forma da legislação específica aplicável à matéria.

5. BASE DE CÁLCULO

A base de cálculo da contribuição para o PIS e da COFINS é o faturamento, que corresponde à receita bruta, assim entendida a totalidade das receitas auferidas pelas sociedades cooperativas, independentemente da atividade por elas exercidas e da classificação contábil adotada para a escrituração das receitas.

> **Nota:**
>
> Nas operações de câmbio, as cooperativas de crédito devem observar a legislação aplicável às instituições autorizadas a funcionar pelo Banco Central do Brasil.

5.1. Variações monetárias ativas dos direitos de crédito e das obrigações

As variações monetárias ativas dos direitos de crédito e das obrigações do contribuinte, em função de taxa de câmbio ou de índices ou coeficientes aplicáveis por disposição legal ou contratual, são consideradas, para efeitos da incidência da contribuição para o PIS e da COFINS, como receitas financeiras.

Essas variações monetárias:

a. Serão consideradas, para efeito de determinação da base de cálculo das contribuições, quando da liquidação da correspondente operação;

b. À opção da pessoa jurídica, poderão ser consideradas, na determinação da base de cálculo das contribuições, segundo o regime de competência (essa opção aplicar-se-á a todo o ano-calendário e abrangerá, além das contribuições, o Imposto de Renda e a Contribuição Social sobre o Lucro Líquido).

A pessoa jurídica, na hipótese de optar pela mudança do regime para o regime de competência, deverá reconhecer as receitas de variações monetárias, ocorridas em função da taxa de câmbio, auferidas até 31 de dezembro do ano precedente ao da opção.

Na hipótese de a cooperativa optar pela mudança do regime de competência para o regime originalmente previsto (liquidação da correspondente operação):

a. Deverá efetuar o pagamento das contribuições devidas sob o regime de competência, para os fatos geradores ocorridos até o dia 31 de dezembro do ano anterior ao do exercício da opção; e

b. Quando da liquidação da operação, deverá efetuar o pagamento das contribuições relativas ao período de 1º de janeiro do ano do exercício da opção até a data da citada liquidação.

Os pagamentos acima referidos deverão ser efetuados até o último dia útil da primeira quinzena:

- Do mês de fevereiro do ano do exercício da opção, na hipótese prevista em I anterior; e
- Do mês subsequente ao da liquidação da operação, na hipótese prevista em II anterior.

5.2. Operações realizadas em mercado de liquidação futura

Para os efeitos de determinação da base de cálculo da contribuição para o PIS e da COFINS, os resultados positivos ou negativos incorridos nas operações realizadas em mercado de liquidação futura, inclusive os sujeitos a ajustes de posições[23], serão reconhecidos por ocasião da liquidação do contrato, cessão ou encerramento da posição.

O resultado positivo ou negativo será constituído pela soma algébrica dos ajustes, no caso das operações a futuro sujeitas a essa especificação, e pelo rendimento, ganho ou perda, apurado na operação, nos demais casos.

Notas:

- No caso de operações realizadas no mercado de balcão, aplica-se somente àquelas registradas nos termos da legislação vigente.

---

23   Considera-se receita financeira o resultado positivo apurado por ocasião da liquidação do contrato, cessão ou encerramento da posição. Até 31.12.2004, considera-se receita financeira o resultado positivo dos ajustes diários ocorridos no mês.

> • As cooperativas de crédito devem observar a legislação aplicável às instituições autorizadas a funcionar pelo Banco Central do Brasil.

6. EXCLUSÕES E DEDUÇÕES DA BASE DE CÁLCULO DAS COOPERATIVAS EM GERAL

A base de cálculo da contribuição para o PIS e da COFINS, apurada pelas sociedades cooperativas, pode ser ajustada pela exclusão:

a. Das vendas canceladas;

b. Dos descontos incondicionais concedidos;

c. Do Imposto sobre Produtos Industrializados (IPI);

d. Do Imposto sobre Operações relativas à Circulação de Mercadorias e sobre a Prestações de Serviços de Transporte Interestadual e Intermunicipal e de Comunicações (ICMS), quando cobrado do vendedor dos bens ou prestador de serviços na condição de substituto tributário;

e. Das reversões de provisões operacionais e recuperações de créditos baixados como perda, que não representem ingressos de novas receitas;

f. Das receitas decorrentes da venda de bens do Ativo Permanente (no Ativo Não Circulante); e

g. Dos resultados positivos da avaliação de investimentos pelo valor do patrimônio líquido e dos lucros e dividendos derivados de investimentos avaliados pelo custo de aquisição, que tenham sido computados como receita, inclusive os derivados de empreendimento objeto de Sociedade em Conta de Participação (SCP).

É vedado deduzir da base de cálculo das contribuições os valores destinados à formação de outros fundos, inclusive rotativos, ainda que com fins específicos e independentemente do objeto da sociedade cooperativa.

6.1. Sobras apuradas

As sociedades cooperativas em geral podem, ainda, deduzir da base de cálculo da contribuição para o PIS e da COFINS o valor das sobras apuradas na Demonstração do Resultado do Exercício, destinadas à constituição do Fundo de Reserva e do Fundo de Assistência Técnica, Educacional e Social (Fates), previstos no artigo 28 da Lei nº 5.764/1971.

6.2. Sociedades cooperativas de consumo

As sociedades cooperativas de consumo, que tenham por objeto a compra e fornecimento de bens aos consumidores, podem efetuar somente as exclusões gerais referidas no item 6. Não é admitida a dedução das sobras apuradas referidas no subitem 6.1.

6.3. Cooperativas de produção agropecuária

Além dos ajustes referidos no item 6, a base de cálculo da contribuição para o PIS e da COFINS, apurada pelas sociedades cooperativas de produção agropecuária, pode ser ajustada pela:

a. Exclusão do valor repassado ao associado, decorrente da comercialização, no mercado interno, de produtos por ele entregues à cooperativa[24];

b. Exclusão das receitas de venda de bens e mercadorias ao associado[25];

c. Exclusão das receitas decorrentes da prestação, ao associado, de serviços especializados aplicáveis na atividade rural, relativos à assistência técnica, extensão rural, formação profissional e assemelhadas;

d. Exclusão das receitas decorrentes do beneficiamento, armazenamento e industrialização de produto do associado;

e. Dedução dos custos agregados ao produto agropecuário dos associados, quando da sua comercialização[26];

f. Exclusão das receitas financeiras decorrentes de repasse de empréstimos rurais contraídos perante a instituições financeiras, até o limite dos encargos a estas devidos, na hipótese de apuração das contribuições no regime cumulativo; e

---

24 Para fins dessa letra "a", observa-se que:
I – na comercialização de produtos agropecuários realizados a prazo, assim como aqueles produtos ainda não adquiridos do associado, a cooperativa poderá excluir da receita bruta mensal o valor correspondente ao repasse a ser efetuado ao associado; e
II – os adiantamentos efetuados aos associados, relativos à produção entregue, somente poderão ser excluídos quando da comercialização dos referidos produtos.

25 A exclusão alcançará somente as receitas decorrentes da venda de bens e mercadorias vinculadas diretamente à atividade econômica desenvolvida pelo associado e que seja objeto da cooperativa, e serão contabilizadas destacadamente pela cooperativa, sujeitas à comprovação mediante documentação hábil e idônea, com a identificação do associado, do valor da operação, da espécie e quantidade dos bens ou mercadorias vendidos.

26 Considera-se custo agregado ao produto agropecuário, os dispêndios pagos ou incorridos com matéria-prima, mão de obra, encargos sociais, locação, manutenção, depreciação e demais bens aplicados na produção, beneficiamento ou acondicionamento e os decorrentes de operações de parcerias e integração entre a cooperativa e o associado, bem assim os de comercialização ou armazenamento do produto entregue pelo cooperado.

g. Dedução das sobras líquidas apuradas na Demonstração do Resultado do Exercício, antes da destinação para a constituição do Fundo de Reserva e do Fundo de Assistência Técnica, Educacional e Social (Fates), previstos no artigo 28 da Lei nº 5.764/1971 (a dedução poderá ser efetivada a partir do mês de sua formação, devendo o excesso ser aproveitado nos meses subsequentes).

> **Nota:**
>
> - A sociedade cooperativa de produção agropecuária, nos meses em que fizer uso de qualquer das exclusões ou deduções anteriormente referidas, deverá, também, efetuar o pagamento da contribuição para o PIS incidente sobre a folha de salários.
>
> - As exclusões previstas nas letras "b" a "d":
>
> - ocorrerão no mês da emissão da nota fiscal correspondente à venda de bens e mercadorias e/ou prestação de serviços pela cooperativa; e
>
> - terão as operações que as originaram contabilizadas destacadamente, sujeitas à comprovação mediante documentação hábil e idônea, com a identificação do associado, do valor, da espécie e quantidade dos bens, mercadorias ou serviços vendidos.
>
> - A entrega de produção à cooperativa, para fins de beneficiamento, armazenamento, industrialização ou comercialização, não configura receita do associado.

6.4. Cooperativas de eletrificação rural

Além dos ajustes referidos no item 6, a base de cálculo da contribuição para o PIS e da COFINS, apurada pelas sociedades cooperativas de eletrificação rural, pode ser ajustada pela:

a. Dedução dos custos dos serviços prestados aos associados (quando o custo dos serviços prestados for repassado a prazo, a cooperativa poderá deduzir da receita bruta mensal o valor correspondente ao pagamento a ser efetuado pelo associado, em cada período de apuração)[27];

b. Exclusão da receita referente aos bens vendidos aos associados, vinculados às atividades destes;

c. Dedução das sobras líquidas[28] apuradas na Demonstração do Resultado do Exercício, antes da destinação para a constituição do Fundo de Reserva e do Fundo de Assistência Técnica, Educacional e Social (Fates), previstos no artigo 28 da Lei nº 5.764/1971 (a dedução poderá ser efetivada a partir do mês de sua formação, devendo o excesso ser aproveitado nos meses subsequentes).

---

27   Os custos dos serviços prestados pela cooperativa de eletrificação rural abrangem os gastos de geração, transmissão, manutenção, distribuição e comercialização de energia elétrica, quando repassados aos associados.

28   As sobras líquidas, apuradas depois da destinação para constituição dos fundos, somente serão computadas na receita bruta do cooperado pessoa jurídica, para fins de incidência da contribuição para o PIS e da COFINS, quando a ele creditadas, distribuídas ou capitalizadas.

> **Nota:**
>
> - A sociedade cooperativa de eletrificação rural, nos meses em que fizer uso de qualquer das exclusões ou deduções no subitem 6.4 referidas deverá, também, efetuar o pagamento da contribuição para o PIS incidente sobre a folha de salários.
>
> - A dedução e a exclusão previstas, respectivamente, nas letras "a" e "b" acima:
>
> - ocorrerão no mês da emissão da nota fiscal correspondente à venda de bens e/ou prestação de serviços pela cooperativa; e
>
> - terão as operações que as originaram contabilizadas destacadamente, sujeitas à comprovação mediante documentação hábil e idônea, com a identificação do associado, do valor, da espécie e quantidade dos bens, ou serviços vendidos.

6.5. Cooperativas de crédito

Além dos ajustes referidos no item 6, a base de cálculo da contribuição para o PIS e da COFINS, apurada pelas sociedades cooperativas de crédito, pode ser ajustada pela:

a. Dedução das despesas incorridas nas operações de intermediação financeira;

b. Dedução dos encargos com obrigações por refinanciamentos, empréstimos e repasses de recursos de órgãos e instituições oficiais ou de direito privado;

c. Dedução das perdas com títulos de renda fixa e variável, exceto com ações (essa vedação aplica-se às operações com ações realizadas nos mercados à vista e de derivativos – futuro, opção, termo, *swap* e outros – que não sejam de *hedge*);

d. Dedução das perdas com ativos financeiros e mercadorias em operações de *hedge*;

e. Exclusão dos ingressos decorrentes de ato cooperativo[29]; e

f. Dedução das sobras líquidas apuradas na Demonstração do Resultado do Exercício, antes da destinação para a constituição do Fundo de Reserva e do Fundo de Assistência Técnica, Educacional e Social (Fates), previstos no artigo 28 da Lei nº 5.764/1971[30].

Notas:

- A sociedade cooperativa de crédito, nos meses em que fizer uso de qualquer das exclusões ou deduções previstas nas letras "a" a "f", deverá, também, efetuar o pagamento da contribuição para o PIS incidente sobre a folha de salários.

- A dedução referida em "f" poderá ser efetivada a partir do mês de sua formação, devendo o excesso ser aproveitado nos meses subsequentes.

---

29 Entende-se como ato cooperativo: a) receitas de juros e encargos recebidas diretamente dos associados; b) receitas da prestação de serviços realizados aos associados e recebidas diretamente destes; c) receitas financeiras recebidas de aplicações efetuadas em confederação, federação e cooperativa singular de que seja associada; d) valores arrecadados com a venda de bens móveis e imóveis recebidos de associados para pagamento de empréstimo contraído perante a cooperativa, até o valor do montante do principal e encargos da dívida; e) valores recebidos de órgãos públicos ou de seguradoras para a liquidação parcial ou total de empréstimos contraídos por associados, em decorrência de perda de produção agropecuária, no caso de cooperativas de crédito rural.

30 As sobras líquidas, apuradas depois da destinação para constituição dos fundos, somente serão computadas na receita bruta do cooperado pessoa jurídica, para fins de incidência da contribuição para o PIS e da COFINS, quando a ele creditadas, distribuídas ou capitalizadas.

6.6. Cooperativas de transporte rodoviário de cargas

Além dos ajustes referidos no item 6, a base de cálculo da contribuição para o PIS e da COFINS, apurada pelas sociedades cooperativas de transporte rodoviário de cargas, pode ser ajustada pela:

I. Se como ingresso decorrente de ato cooperativo a parcela da receita repassada ao associado, quando decorrente de serviços de transporte rodoviário de cargas por este prestado à cooperativa);

II. Exclusão das receitas de venda de bens a associados, vinculados às atividades destes;

III. Exclusão das receitas decorrentes da prestação, aos associados, de serviços especializados aplicáveis na atividade de transporte rodoviário de cargas, relativos à assistência técnica, formação profissional e assemelhadas;

IV. Exclusão das receitas financeiras decorrentes de repasse de empréstimos contraídos perante a instituições financeiras, para a aquisição de bens vinculados à atividade de transporte rodoviário de cargas, até o limite dos encargos devidos às instituições financeiras; e

V. Dedução das sobras líquidas apuradas na Demonstração do Resultado do Exercício, antes da destinação para a constituição do Fundo de Reserva e do Fundo de Assistência Técnica, Educacional e Social (Fates), previstos no artigo 28 da Lei nº 5.764, de 1971.

> **Nota:**
>
> A sociedade cooperativa de transporte rodoviário de cargas, nos meses em que fizer uso de qualquer das exclusões ou deduções referidas nesse subitem deverá, também, efetuar o pagamento da contribuição para o PIS incidente sobre a folha de salários.

6.7. Cooperativas de médicos

Além dos ajustes referidos no item 6 e subitem 6.1, a base de cálculo da contribuição para o PIS e da COFINS, apurada pelas sociedades cooperativas de médicos que operem plano de assistência à saúde, pode ser ajustada pela:

I. Exclusão dos valores glosados em faturas emitidas contra planos de saúde;

II. Dedução dos valores das corresponsabilidades cedidas;

III. Dedução das contraprestações pecuniárias destinadas à constituição de provisões técnicas; e

IV. Dedução do valor referente às indenizações correspondentes aos eventos ocorridos, efetivamente pago, deduzido das importâncias recebidas a título de transferência de responsabilidades.

> **Nota:**
>
> As glosas dos valores referidos em "I" devem ser decorrentes de auditoria médica dos convênios e planos de saúde nas faturas, em razão da prestação de serviços e de fornecimento de materiais aos seus conveniados.

6.8 Cooperativas de radiotáxi, atividades culturais, música, cinema, letras, artes cênicas e artes plásticas

De acordo com o art. 30-A. da Lei nº 11051/2004, as cooperativas de radiotáxi, bem como aquelas cujos cooperados se dediquem a serviços relacionados a atividades culturais, de música, de cinema, de letras, de artes cênicas (teatro, dança, circo) e de artes plásticas, poderão excluir da base de cálculo da contribuição para PIS e COFINS:

I. Os valores repassados aos associados pessoas físicas decorrentes de serviços por eles prestados em nome da cooperativa;

II. As receitas de vendas de bens, mercadorias e serviços a associados, quando adquiridos de pessoas físicas não associadas;

III. As receitas financeiras decorrentes de repasses de empréstimos a associados, contraídos de instituições financeiras, até o limite dos encargos a estas devidos.

> **Nota:**
> Na hipótese de utilização de uma ou mais das exclusões, a cooperativa ficará também sujeita à incidência da contribuição para o PIS, com base na folha de salários

7. CONTRIBUIÇÃO PARA O PIS-IMPORTAÇÃO E PARA A COFINS-IMPORTAÇÃO

7.1. Contribuintes

São contribuintes do PIS – Importação e da COFINS – Importação as sociedades cooperativas:

a. Que promovam a entrada de bens estrangeiros no território nacional; ou

b. Contratantes de serviços de residente ou domiciliado no exterior.

7.2. Fato gerador

O fato gerador da contribuição para o PIS – Importação e da COFINS – Importação é:

a. A entrada de bens estrangeiros no território nacional; ou

b. O pagamento, o crédito, a entrega, o emprego ou a remessa de valores a residentes ou domiciliados no exterior como contraprestação por serviço prestado.

Consideram-se entrados no território nacional os bens que constem como tendo sido importados e cujo extravio venha a ser apurado pela administração aduaneira.

Por sua vez, não se considera entradas no Território Nacional:

- As remessas postais internacionais; e
- A mercadoria importada a granel que, por sua natureza ou condições de manuseio na descarga, esteja sujeita à quebra ou a decréscimo, desde que o extravio não seja superior a 1% (um por cento). Na hipótese de ocorrer quebra ou decréscimo em percentual superior a 1%, serão exigidas as contribuições somente em relação ao excesso.

7.2.1. Momento da ocorrência do fato gerador

Considera-se ocorrido o fato gerador da contribuição para o PIS – Importação e da COFINS – Importação:

a. Na data do registro da declaração de importação de bens submetidos a despacho para consumo (o fato gerador ocorre, inclusive, no caso de despacho para consumo de bens importados sob regime suspensivo de tributação do Imposto de Importação);

b. No dia do lançamento do correspondente crédito tributário, quando se tratar de bens constantes de manifesto ou de outras declarações de efeito equivalente, cujo extravio ou avaria for apurado pela autoridade aduaneira;

c. Na data do vencimento do prazo de permanência dos bens em recinto alfandegado, se iniciado o respectivo despacho aduaneiro antes de aplicada a pena de perdimento, na situação prevista pelo artigo 18 da Lei nº 9.779, de 19 de janeiro de 1999;

d. Na data do pagamento, do crédito, da entrega, do emprego ou da remessa de valores na hipótese da letra "b" do subitem 7.2.

7.3. Alíquotas

As contribuições serão calculadas mediante a utilização das alíquotas aplicáveis aos demais importadores, conforme visto no capítulo. Aplicam-se à contribuição para o PIS – Importação e à COFINS – Importação as reduções de alíquotas tratadas no subitem 4.2.

8. APROVEITAMENTO DE CRÉDITOS

8.1. Créditos decorrentes de aquisição e pagamentos no mercado interno

As sociedades cooperativas de produção agropecuária e de consumo sujeitas à incidência não cumulativa da contribuição para o PIS e da COFINS podem descontar do valor das contribuições incidentes sobre sua receita bruta os créditos calculados em relação a:

I. Bens para revenda, adquiridos de não associados, exceto os decorrentes de:

a. Mercadorias em relação as quais as contribuições sejam exigidas da empresa vendedora, na condição de substituta tributária;

b. Álcool carburante;

c. Gasolinas e suas correntes, exceto gasolina de aviação, óleo diesel e suas correntes, gás liquefeito de petróleo (GLP), querosene de aviação e biodiesel;

d. Produtos farmacêuticos, de perfumaria, de toucador e de higiene pessoal relacionados no artigo 1º da Lei nº 10.147/2000, e alterações posteriores;

e. Máquinas e veículos relacionados no artigo 1º da Lei nº 10.485/2002;

f. Autopeças relacionadas nos Anexos I e II da Lei nº 10.485/2002;

g. Pneus novos e borracha e câmaras de ar das posições 40.11 e 40.13 da Tipi;

h. Embalagens destinadas ao envasamento de água, refrigerante e cerveja; e

i. Água, refrigerante e cerveja relacionados no artigo 49 da Lei nº 10.833, de 2003;

II. Aquisições efetuadas no mês, de não associados, de bens e serviços utilizados como insumo na prestação de serviços e na produção ou fabricação de bens ou produtos destinados à venda, inclusive combustíveis e lubrificantes;

III. Despesas e custos incorridos no mês, relativos:

a. À energia elétrica consumida nos estabelecimentos da sociedade cooperativa;

b. A aluguéis de prédios, máquinas e equipamentos, pagos à pessoa jurídica, utilizados nas atividades da sociedade cooperativa;

c. A contraprestações de operações de arrendamento mercantil, pagas ou creditadas à pessoa jurídica, exceto quando esta for optante pelo Simples;

d. A armazenagem de mercadoria e frete na operação de venda, quando o ônus for suportado pelo vendedor;

IV. Bens recebidos em devolução cuja receita de venda tenha integrado faturamento do mês ou de mês anterior, e tributada pelo regime não cumulativo. (Leis n° 10.637/2002 e n° 10.833/2003) Lembre-se de que:

a. O IPI incidente na aquisição, quando recuperável, não integra o custo dos bens; e

b. O ICMS, quando cobrado pelo vendedor dos bens ou prestador dos serviços na condição de substituto tributário, não integra o custo dos bens ou serviços.

8.1.1. Determinação dos créditos

Os créditos serão determinados mediante a aplicação das alíquotas de 1,65% (um inteiro e sessenta e cinco centésimos por cento) para a contribuição para o PIS e de 7,6% (sete inteiros e seis décimos por cento) para a COFINS sobre o valor das aquisições de bens e serviços e das despesas e custos incorridos no mês.

Observa-se que o direito ao crédito se aplica, em relação às aquisições de bens e serviços, aos custos e despesas incorridos a partir do mês em que se iniciar o regime de não cumulatividade das contribuições.

8.1.2. Valores que não geram créditos

Não geram direito a desconto de créditos os seguintes valores:

a. De mão de obra paga à pessoa física;

b. De aquisições de bens ou serviços não alcançadas pela incidência das contribuições ou sujeitas à alíquota 0 (zero); e

c. De aquisições de bens ou serviços efetuadas com isenção, quando revendidos ou utilizados como insumo em produtos ou serviços sujeitos à alíquota 0 (zero), isentos ou não alcançados pela incidência da contribuição para o PIS e da COFINS.

8.2. Créditos decorrentes da importação

Na determinação da contribuição para o PIS e da COFINS a pagar no regime de não cumulatividade, a sociedade cooperativa de produção agropecuária ou de consumo que efetuar importações pode descontar, do valor das contribuições incidentes sobre sua receita bruta, créditos calculados mediante a aplicação, dos mesmos percentuais sobre a base de cálculo, acrescido o IPI vinculado à importação, quando integrante do custo de aquisição.

> **Nota:**
>
> Os créditos de que trata este artigo serão calculados somente em relação às contribuições efetivamente pagas na importação.

8.3. Créditos decorrentes de aquisição de bens de capital

As sociedades cooperativas de produção agropecuária e de consumo sujeitas à incidência não cumulativa da contribuição para o PIS e da COFINS podem descontar, do valor das contribuições incidentes sobre a receita bruta decorrente de suas vendas, créditos calculados sobre os encargos de depreciação de:

a. Máquinas, equipamentos e outros bens incorporados ao Ativo Imobilizado para a produção de bens destinados à venda ou na prestação de serviços; e

b. Edificações e benfeitorias em imóveis próprios ou de terceiros, utilizados nas atividades da sociedade cooperativa.

Na apuração dos créditos, deve ser observada a legislação aplicável à matéria que é tratada no Capítulo 4 deste livro.

8.4. Créditos presumidos decorrentes da aquisição de insumos

Sem prejuízo do aproveitamento dos créditos decorrentes de aquisição e pagamentos no mercado interno, as cooperativas de produção agropecuária que exerçam atividade agroindustrial podem descontar das contribuições para o PIS e para a COFINS não cumulativos, devidas em cada período de apuração, crédito presumido relativo aos insumos adquiridos de pessoa física ou jurídica ou recebidos de cooperados, pessoa física ou jurídica, calculado na forma dos artigos 8° e 15 da Lei n° 10.925/2004.

9. CONTRIBUIÇÃO PARA O PIS INCIDENTE SOBRE A FOLHA DE SALÁRIOS

9.1. Contribuintes

São contribuintes do PIS incidente sobre a folha de salários:

a. A Organização das Cooperativas Brasileiras (OCB);

b. As Organizações Estaduais de Cooperativas previstas no artigo 105 e seu § 1° da Lei n° 5.764/1971;

c. A sociedade cooperativa de produção agropecuária que fizer uso das deduções e exclusões da base de cálculo de que tratam as letras "a" a "g" do subitem 6.3;

d. A sociedade cooperativa de eletrificação rural que fizer uso das exclusões da base de cálculo de que tratam as letras "a" a "c" do subitem 6.4;

e. A sociedade cooperativa de crédito que fizer uso das exclusões da base de cálculo referidas nas letras "a" a "f" do subitem 6.5; e

f. A sociedade cooperativa de transporte rodoviário de cargas que fizer uso das exclusões da base de cálculo referidas nas letras "a" a "e" do subitem 6.6.

9.2. Fato gerador

O fato gerador da contribuição para o PIS incidente sobre o total da folha de salários é o pagamento da folha de salários efetuado pelas pessoas jurídicas referidas em 9.1.

9.3. Alíquota

A alíquota da contribuição para o PIS incidente sobre a folha de salários é de 1% (um por cento).

9.4. Base de cálculo

A base de cálculo da contribuição para o PIS incidente sobre a folha de salários mensal corresponde à remuneração paga, devida ou creditada a empregados.

Não integram a base de cálculo o salário-família, o aviso-prévio indenizado, o Fundo de Garantia por Tempo de Serviço (FGTS) pago diretamente ao empregado na rescisão contratual e a indenização por dispensa, desde que dentro dos limites legais.

10. HIPÓTESES DE SUSPENSÃO, NÃO INCIDÊNCIA E DA ISENÇÃO

10.1. Suspensão

A incidência da contribuição para o PIS e da COFINS fica suspensa em relação às receitas auferidas por sociedade cooperativa de produção agropecuária decorrentes da venda de:

a. Produtos *in natura* de origem vegetal, quando a cooperativa exercer cumulativamente as atividades de limpar, padronizar, armazenar e comercializar esses produtos;

b. Leite *in natura* a granel, quando a cooperativa exercer cumulativamente as atividades de transporte e resfriamento do produto;

c. Produtos agropecuários que gerem crédito presumido referido no subitem 8.4.

As hipóteses de suspensão acima somente ocorrerão quando a venda dos produtos *in natura* de origem vegetal for decorrente da exploração da atividade agropecuária pelas pessoas jurídicas ou dos associados da sociedade cooperativa, nos termos do artigo 2º da Lei nº 8.023/1990.

Lembre-se de que a suspensão alcança somente as vendas efetuadas à pessoa jurídica agroindustrial que apure o Imposto de Renda com base no lucro real[31] ou à sociedade cooperativa que exerça a atividade agroindustrial.

---

31   A pessoa jurídica adquirente dos produtos deverá comprovar a adoção do regime de tributação pelo lucro real trimestral ou anual, no trimestre ou no ano-calendário em que se efetivar a venda, mediante apresentação, perante a sociedade cooperativa, de declaração firmada pelo sócio, acionista ou representante legal daquela pessoa jurídica.

> **Nota:**
>
> - Os custos, despesas e encargos vinculados às receitas das vendas efetuadas com a suspensão não geram direito ao desconto de créditos por parte da cooperativa de produção.
>
> - A aquisição de produtos com suspensão gera créditos presumidos para a pessoa jurídica adquirente, conforme tratado no subitem 8.4.

O artigo 11 da Lei nº 11.727/2008 estabeleceu a suspensão da incidência da contribuição para o PIS e da COFINS na venda de cana-de-açúcar, classificada na posição 12.12 da Nomenclatura Comum do Mercosul (NCM), efetuada para pessoa jurídica produtora de álcool, inclusive para fins carburantes.

10.1.1. Exceções

A suspensão acima referida não se aplica às vendas de produtos classificados no código 09.01 da Tipi, realizadas pelas sociedades cooperativas de produção agropecuárias que exerçam cumulativamente as atividades de padronizar, beneficiar, preparar e misturar tipos de café para definição de aroma e sabor (blend) ou separar por densidade dos grãos, com redução dos tipos determinados pela classificação oficial.

10.2. Não incidência

As contribuições não incidem sobre as receitas decorrentes das operações de:

a. Exportação de mercadorias para o exterior;

b. Prestação de serviços para pessoa física ou jurídica residente ou domiciliada no exterior, cujo pagamento represente ingresso de divisa;

c. Vendas à empresa comercial exportadora com o fim específico de exportação; e

d. Vendas de materiais e equipamentos, bem assim da prestação de serviços decorrentes dessas operações, efetuadas diretamente à Itaipu Binacional.

10.3. Isenção

São isentas da contribuição para o PIS e da COFINS as receitas decorrentes:

a. De fornecimento de mercadorias ou serviços para uso ou consumo de bordo em embarcações e aeronaves em tráfego internacional, quando o pagamento for efetuado em moeda conversível, observado o disposto no § 3º;

b. Do transporte internacional de cargas ou passageiros;

c. De vendas realizadas pela cooperativa de produção agropecuária às empresas comerciais exportadoras nos termos do Decreto-Lei nº 1.248/1972, e alterações posteriores, desde que destinadas ao fim específico de exportação para o exterior;

d. De vendas, com fim específico de exportação[32] para o exterior, a empresas exportadoras registradas na Secretaria de Comércio Exterior do Ministério do Desenvolvimento, Indústria e Comércio Exterior.

As isenções acima não alcançam as receitas de vendas efetuadas a estabelecimento industrial, para industrialização de produtos destinados à exportação, ao amparo do artigo 3º da Lei nº 8.402/1992.

11. PRAZO DE PAGAMENTO

As contribuições devidas pelas sociedades cooperativas devem ser pagas:

I. Á antecipado o prazo para o primeiro dia útil que o anteceder);

II. No caso de incidência sobre a importação, na data:

    a. Do registro da Declaração de Importação, na hipótese referida na letra "a" do subitem 7.2.1;

    b. Do lançamento do crédito tributário, na hipótese referida na letra "b" do subitem 7.2.1;

    c. Do vencimento do prazo de permanência dos bens em recinto alfandegado, na hipótese referida na letra "c" do subitem 7.2.1;

---

32 Consideram-se adquiridos com o fim específico de exportação os produtos remetidos diretamente pela cooperativa de produção agropecuária para embarque de exportação ou para recinto alfandegado, por conta e ordem de empresa comercial exportadora.

d. Do pagamento, crédito, emprego ou remessa, na hipótese referida na letra "d" do subitem 7.2.1; e

III. No caso de incidência sobre a folha de salários, até o último dia útil do segundo decêndio subsequente ao mês seguinte ao da ocorrência do fato gerador.

12. PRODUTOS EXPORTADOS

A sociedade cooperativa de produção agropecuária que realizar vendas de produtos para o exterior poderá utilizar o crédito da contribuição para o PIS e da COFINS:

a. Na dedução do valor das contribuições a recolher, decorrente das demais operações no mercado interno;

b. Na compensação com débitos próprios, vencidos ou vincendos, relativos a tributos e contribuições administrados pela Secretaria da Receita Federal, observada a legislação específica aplicável à matéria.

A sociedade cooperativa de produção agropecuária que, até o final de cada trimestre do ano civil, não conseguir utilizar o crédito por qualquer das formas acima poderá solicitar o seu ressarcimento em dinheiro, observada a legislação específica aplicável à matéria.

Nota

- Os créditos devem ser apurados em relação aos custos, despesas e encargos vinculados à receita de exportação.

- Os créditos apurados devem ser contabilizados, destacadamente, e os custos, despesas e encargos que foram base de cálculo para determinação desses créditos devem ser comprovados com documentação hábil e idônea.

CAPÍTULO 8

RETENÇÃO NA FONTE DAS CONTRIBUIÇÕES COFINS, PIS E CSLL

1. RETENÇÃO NA FONTE

Estão sujeitos à retenção na fonte da Contribuição Social sobre o Lucro Líquido (CSLL), da COFINS e da contribuição para o PIS os pagamentos efetuados pelas pessoas jurídicas a outras pessoas jurídicas de direito privado, pela prestação de serviços de limpeza, conservação, manutenção[33], segurança, vigilância, transporte de valores e locação de mão de obra, pela prestação de serviços de assessoria creditícia, mercadológica, gestão de crédito, seleção e riscos, administração de contas a pagar e a receber, bem como pela remuneração de serviços profissionais.

Essas retenções alcançam, inclusive, os pagamentos antecipados, por conta de aquisições de bens ou prestação de serviços para entrega futura. O valor retido deverá ser recolhido por meio de DARF, sob o código 5952.

As retenções dessas contribuições serão efetuadas sem prejuízo da retenção do Imposto de Renda na fonte das pessoas jurídicas sujeitas a alíquotas específicas previstas

---

33   A expressão manutenção alcança todo e qualquer serviço de manutenção efetuado em bens móveis ou imóveis.

na legislação do Imposto de Renda e aplicam-se inclusive aos pagamentos efetuados por:

a. Associações, inclusive entidades sindicais, federações, confederações, centrais sindicais e serviços sociais autônomos;

b. Sociedades simples, inclusive sociedades cooperativas;

c. Fundações de direito privado; ou

d. Condomínios edilícios.

Nota:

As alíquotas 3,0% (COFINS) e 0,65% (PIS) aplicam-se inclusive na hipótese de as receitas da prestadora do serviço estarem sujeitas ao regime de não cumulatividade da COFINS e da contribuição para o PIS ou aos regimes de alíquotas diferenciadas.

1.1. "Serviços profissionais" – Lista de serviços alcançados

Compreendem-se como serviços profissionais para fins de retenção na fonte da CSLL, da COFINS e do PIS aqueles de que trata o artigo 714 do RIR/2018. Esses serviços são: administração de bens ou negócios em geral, exceto consórcios ou fundos mútuos para aquisição de bens, advocacia, análise clínica laboratorial, análises técnicas, arquitetura, assessoria e consultoria técnica, exceto o serviço de assistência técnica prestado a terceiros e concernente a ramo de indústria ou comércio explorado pelo prestador do serviço, assistência social, auditoria, avaliação e perícia, biologia e biomedicina, cálculo em geral, consultoria, contabilidade, desenho técnico, economia, elaboração de projetos, engenharia, exceto construção de estradas, pontes, prédios e obras assemelhadas, ensino e treinamento, estatística, fisioterapia, fonoaudiologia, geologia, leilão, medicina, exceto a prestada por ambulatório, banco de sangue, casa de saúde, casa de recuperação ou repouso sob orientação médica, hospital e pronto-socorro, nutricionismo e dietética, odontologia, organização de feiras de amostras, congressos, seminários, simpósios e congêneres, pesquisa em geral, planejamento, programação, prótese, psicologia e psicanálise, química, radiologia e radioterapia, relações públicas, serviço de despachante, terapêutica ocupacional, tradução ou interpretação comercial, urbanismo e veterinária.

1.2. Dispensa de retenção

De acordo com o § 3º do art. 31 da Lei nº 10.833/2003, é dispensada a retenção de valor igual ou inferior a R$ 10,00 (dez reais), exceto na hipótese de Documento de Arrecadação de Receitas Federais – DARF eletrônico efetuado por meio do Siafi.

1.3. Consórcio de empresas (Lei nº 6.404/1976)

Nos pagamentos decorrentes das operações do consórcio (artigos 278 e 279 da Lei nº 6.404/1976), sujeitos à retenção na fonte do Imposto de Renda, da CSLL, da contribuição para o PIS e da COFINS, na forma da legislação em vigor, a IN RFB nº 834/2008 estabelece que a retenção e o recolhimento devem ser efetuados em nome de cada pessoa jurídica consorciada, proporcionalmente à sua participação no empreendimento.

Nos recebimentos de receitas decorrentes das operações do consórcio sujeitas à retenção do Imposto de Renda, da CSLL, da contribuição para o PIS e da COFINS, na forma da legislação em vigor, a retenção deve ser efetuada em nome de cada pessoa jurídica consorciada, proporcionalmente à sua participação no empreendimento.

1.4. Valores retidos e não deduzidos dos valores a pagar das contribuições no mês de apuração – Tratamento

Os valores retidos na fonte a título de contribuição para o PIS e da COFINS, quando não for possível sua dedução dos valores a pagar das respectivas contribuições no mês de apuração, poderão ser restituídos ou compensados com débitos relativos a outros tributos e contribuições administrados pela Secretaria da Receita Federal do Brasil, observada a legislação específica aplicável à matéria.

Para tanto, fica configurada a impossibilidade da referida dedução quando o montante retido no mês exceder o valor da respectiva contribuição a pagar no mesmo mês.

Para efeito da determinação do excesso acima comentado, considera-se contribuição a pagar no mês da retenção o valor da contribuição devida descontado dos créditos apurados naquele mês.

Lembre-se de que desde 03.01.2008 o saldo dos valores retidos na fonte a título de contribuição para o PIS e da COFINS, apurados em períodos anteriores, poderá também ser restituído ou compensado com débitos relativos a outros tributos e contribuições administrados pela Secretaria da

Receita Federal do Brasil, na forma a ser regulamentada pelo Poder Executivo.

2. PERCENTUAL A SER DESCONTADO

O valor da CSLL, da COFINS e da contribuição para o PIS, de que trata este item, será determinado mediante a aplicação, sobre o montante a ser pago, do percentual de 4,65%, correspondente à soma das alíquotas de 1%, 3% e 0,65%, respectivamente.

3. RETENÇÃO DAS CONTRIBUIÇÕES TOTAIS OU PARCIAIS

No caso de pessoa jurídica beneficiária de isenção ou de alíquota 0 (zero), na forma da legislação específica, de uma ou mais contribuições referidas, a retenção dar-se-á mediante a aplicação da alíquota específica (3,0% – COFINS, 0,65% – PIS e 1,0% – CSLL), correspondente às contribuições não alcançadas pela isenção ou pela alíquota zero, e o recolhimento será efetuado mediante a utilização de códigos específicos. Esses códigos são:

- 5987 – no caso de CSLL;
- 5960 – no caso de COFINS;
- 5979 – no caso de PIS.

4. PRAZO DE RECOLHIMENTO DO IMPOSTO E DAS CONTRIBUIÇÕES SOCIAIS

Os valores retidos na fonte serão recolhidos ao Tesouro Nacional pela pessoa jurídica que efetuar a retenção ou, de forma centralizada, pelo estabelecimento matriz da pessoa jurídica, mediante Documento de Arrecadação de Receitas Federais (DARF), até o último dia útil da quinzena subsequente àquela em que tiver ocorrido o pagamento à pessoa jurídica prestadora do serviço.

5. CASOS EM QUE NÃO SE APLICA A RETENÇÃO

5.1. *Casos em que não se aplica a retenção da CSLL, da COFINS e do PIS*

Não será exigida a retenção da CSLL, da COFINS e da contribuição para o PIS, na hipótese de pagamentos efetuados a:

a. Cooperativas, relativamente à CSLL;

b. Empresas estrangeiras de transporte de valores;

c. Pessoas jurídicas optantes pelo Simples (ver item 6 adiante).

5.2. Casos em que não se aplica a retenção da COFINS e da contribuição para o PIS

Não será exigida retenção da COFINS e da contribuição para o PIS, cabendo, somente, a retenção da CSLL nos pagamentos:

a. A título de transporte internacional de valores efetuado por empresas nacionais;

b. Aos estaleiros navais brasileiros nas atividades de conservação, modernização, conversão e reparo de embarcações pré-registradas ou registradas no Registro Especial Brasileiro (REB), instituído pela Lei nº 9.432, de 8 de janeiro de 1997.

6. EMPRESA OPTANTE PELO SIMPLES

6.1. Prestadora do serviço – Não sujeição à retenção

A retenção na fonte das referidas contribuições não será exigida na hipótese de pagamento efetuado a pessoas jurídicas optantes pelo Simples. Contudo, a pessoa jurídica optante pelo Simples deverá apresentar, a cada pagamento, à pessoa jurídica que efetuar a retenção, declaração, conforme adiante estampada, em duas vias, assinadas pelo seu representante legal.

A pessoa jurídica responsável pela retenção arquivará a 1ª via da declaração, que ficará à disposição da Secretaria da Receita Federal (SRF), devendo a 2ª via ser devolvida ao interessado, como recibo.

6.1.1. Modelo de declaração

DECLARAÇAO

Ilmo. Sr.

(pessoa jurídica pagadora)

(Nome da empresa), com sede (endereço completo), inscrita no CNPJ sob o nº ..... DECLARA à (nome da pessoa jurídica pagadora), para fins de não incidência na fonte da CSLL, da COFINS e da contribuição para o PIS, a que se refere o artigo 30 da Lei nº 10.833, de 29 de dezembro de 2003, que é regularmente inscrita no Simples.

Para esse efeito, a declarante informa que:

I – preenche os seguintes requisitos:

a) conserva em boa ordem, pelo prazo de cinco anos, contado da data da emissão, os documentos que comprovam a origem de suas receitas e a efetivação de suas despesas, bem assim a realização de quaisquer outros atos ou operações que venham a modificar sua situação patrimonial;

b) apresenta anualmente Declaração de Informações Econômico-Fiscais da Pessoa Jurídica (DIPJ), em conformidade com o disposto em ato da Secretaria da Receita Federal;

II – o signatário é representante legal desta empresa, assumindo o compromisso de informar à Secretaria da Receita Federal e à pessoa jurídica pagadora, imediatamente, eventual desenquadramento da presente situação e está ciente de que a falsidade na prestação destas informações, sem prejuízo do disposto no artigo 32 da Lei nº 9.430, de 1996, o sujeitará, juntamente com as demais pessoas que para ela concorrem, às penalidades previstas na legislação criminal e tributária, relativas à falsidade ideológica (artigo 299 do Código Penal) e ao crime contra a ordem tributária (artigo 1º da Lei nº 8.137, de 27 de dezembro de 1990).

Local e data...

Assinatura do Responsável

6.2. Tomadora do serviço – Não obrigatoriedade de retenção

Não estão obrigadas a efetuar a retenção da CSLL, da COFINS e do PIS as pessoas jurídicas optantes pelo Simples.

7. RETENÇÃO POR ENTIDADES DA ADMINISTRAÇÃO PÚBLICA FEDERAL

De acordo com o artigo 34 da Lei nº 10.833/2003, ficam obrigadas a efetuar as retenções na fonte do Imposto de Renda, da CSLL, da COFINS e da contribuição para o PIS sobre pagamentos efetuados por órgãos, autarquias e fundações da administração pública federal aos seus fornecedores, pessoas jurídicas (artigo 64 da Lei nº 9.430/1996), as seguintes entidades da administração pública federal:

a. Empresas públicas;

b. Sociedades de economia mista; e

c. Demais entidades em que a União, direta ou indiretamente, detenha a maioria do capital social com direito a voto, e que dela recebam recursos do Tesouro Nacional e estejam obrigadas a registrar sua execução orçamentária e financeira na modalidade total no Sistema Integrado de Administração Financeira do Governo Federal (Siafi).

A retenção não se aplica na hipótese de pagamentos relativos à aquisição de gasolina, gás natural, óleo diesel, gás liquefeito de petróleo, querosene de aviação e demais derivados de petróleo e gás natural.

8. TRATAMENTO DAS CONTRIBUIÇÕES RETIDAS PELA PRESTADORA DOS SERVIÇOS

Os valores das contribuições retidos:

a. Serão considerados como antecipação do que for devido pelo contribuinte que sofreu a retenção, em relação às respectivas contribuições;

b. Poderão ser compensados, pelo contribuinte, com as contribuições de mesma espécie, devidas relativamente a fatos geradores ocorridos a partir do mês da retenção (o valor a ser compensado, correspondente a cada espécie de contribuição, será determinado pelo próprio contribuinte mediante a aplicação, sobre o valor da fatura, das alíquotas respectivas às retenções efetuadas).

9. SUSPENSÃO DA EXIGIBILIDADE DO CRÉDITO TRIBUTÁRIO

No caso de pessoa jurídica amparada pela suspensão da exigibilidade do crédito tributário, nas hipóteses de depósito do seu montante integral, a concessão de medida liminar em mandado de segurança, a concessão de medida liminar ou de tutela antecipada, em outras espécies de ação judicial [incisos II, IV e V do artigo 151 da Lei nº 5.172/1966, do Código Tributário Nacional (CTN)], ou por sentença judicial transitada em julgado, que determina a suspensão do pagamento de qualquer das contribuições, a pessoa jurídica que efetuar o pagamento deverá calcular, individualmente, os valores das contribuições considerados devidos, aplicando as alíquotas correspondentes, e efetuar o recolhimento em Darf distintos para cada um deles, utilizando-se dos seguintes códigos de arrecadação:

- 5987 – no caso de CSLL;
- 5960 – no caso de COFINS;
- 5979 – no caso de PIS.

Ocorrendo qualquer das situações previstas neste subitem, o beneficiário do rendimento deverá apresentar à fonte pagadora, a cada pagamento, a comprovação de que a não retenção continua amparada por medida judicial.

10. PRESTAÇÃO DE SERVIÇOS – PAGAMENTOS EFETUADOS COM CARTÃO DE CRÉDITO

Nos pagamentos pela prestação de serviços efetuados por meio de cartão de crédito ou débito, a retenção será efetuada pela pessoa jurídica tomadora dos serviços sobre o total a ser pago à empresa prestadora dos serviços, devendo o pagamento com o cartão ser realizado pelo valor líquido, depois de deduzidos os valores das contribuições retidas, cabendo a responsabilidade pelo recolhimento destas à pessoa jurídica tomadora dos serviços.

11. DOCUMENTOS DE COBRANÇA QUE CONTENHAM CÓDIGO DE BARRAS

Nas notas fiscais, nas faturas (exceto faturas de cartão de crédito), nos boletos bancários ou em quaisquer outros documentos de cobrança dos serviços referidos neste Capítulo que contenham código de barras, deverão ser informados o valor bruto do preço dos serviços e os valores de cada contribuição incidente sobre a operação. O pagamento deverá ser efetuado pelo valor líquido, depois de deduzidos os valores das contribuições retidas, cabendo a responsabilidade pelo recolhimento destas à pessoa jurídica tomadora dos serviços.

12. FORNECIMENTO DO COMPROVANTE ANUAL DA RETENÇÃO

As pessoas jurídicas que efetuarem a retenção das referidas contribuições deverão fornecer à pessoa jurídica beneficiária do pagamento comprovante anual da retenção até o dia 28 de fevereiro do ano subsequente.

O fornecimento desse comprovante somente se aplica a partir de 2005, relativamente ao ano de 2004.

Nesse documento, serão informados, relativamente a cada mês em que houver sido efetuado o pagamento, conforme modelo constante do Anexo II da IN SRF nº 381/2003:

a. O código de retenção;

b. A natureza do rendimento;

c. O valor pago antes de efetuada a retenção;

d. O valor retido.

O comprovante anual de que trata este subitem poderá ser disponibilizado à pessoa jurídica beneficiária do pagamento que possua endereço eletrônico por meio da Internet.

13. PREENCHIMENTO DA DIRF

Anualmente, até o dia 28 de fevereiro do ano subsequente, as pessoas jurídicas que efetuarem a retenção deverão apresentar à SRF Declaração de Imposto de Renda Retido na Fonte (DIRF), nela discriminando, mensalmente, o somatório dos valores pagos e o total retido por contribuinte e por código de recolhimento.

CAPÍTULO 9

CONTABILIZAÇÃO

Seguem exemplos de contabilização da COFINS e do PIS – Faturamento no mês de outubro/2023 (dados e valores meramente ilustrativos).

Os exemplos abordam tanto a modalidade cumulativa como a modalidade não cumulativa de ambas as contribuições.

1. COFINS E PIS CUMULATIVOS

I – Apuração da COFINS

Parcela devida com base na receita bruta de vendas e serviços	R$ 100.000,00	x	3%	=	R$ 3.000,00
Parcela devida com base nas demais receitas	R$ 10.000,00	x	3%	=	R$ 300,00
Total da Cofins devida	R$ 110.000,00	x	3%	=	R$ 3.300,00

II – Apuração do PIS – Faturamento

Parcela devida com base na receita bruta de vendas e serviços	R$ 100.000,00	x	0,65%	=	R$ 650,00
Parcela devida com base nas demais receitas	R$ 10.000,00	x	0,65%	=	R$ 300,00
Total da Cofins devida	R$ 110.000,00	x	0,65%	=	R$ 950,00

III – Contabilização

Lançamento nº 1

D - Cofins (CR - dedução da receita bruta) 3.000,00

D - Cofins (CR - despesa tributária)   300,00

C - Cofins a Recolher (PC)   3.300,00

Lançamento nº 2

D- PIS (CR - dedução da receita bruta)   650,00

D - PIS (CR - despesa tributária)   65,00

C - PIS a Recolher (PC)   715,00

2. COFINS E PIS NÃO CUMULATIVOS

2.1. Incidência sobre o faturamento

No desenvolvimento do exemplo, consideremos determinada empresa comercial tributada com base no lucro real que tenha auferido no mês de outubro/2023 as seguintes receitas:

Receitas	Valores em Reais (R$)	Cofins não cumulativa (7,6%)	PIS não cumulativo (1,65%)
Receita de vendas de mercadorias (excluídos os valores relativos às vendas canceladas e os descontos incondicionais efetuados no mês)	R$ 800.000,00	R$ 60.800,00	R$ 13.200,00
Saídas isentas da contribuição	R$ 220.000,00	-	-
Saídas sujeitas à alíquota zero	R$ -	-	-
Saídas sujeitas ao regime de incidência cumulativa das contribuições	R$ -	-	-
Juros sobre o capital próprio	R$ 80.000,00	R$ 6.080,00	R$ 1.320,00
Total	R$ 1.100.000,00	R$ 66.880,00	R$ 14.520,00

Diante desses dados, temos o seguinte lançamento:

Registro da COFINS devida:

Lançamento nº 1

D - Cofins (CR - dedução da receita bruta) 60.800,00

D - Cofins (CR - despesa tributária) 6.080,00

C - Cofins a Recolher (PC) 66.880,00

Diante dos lançamentos acima, temos as seguintes razões:

Cofins (CR - dedução da receita bruta)

1   60.800,00

Cofins (CR - despesa tributária)

1   60.800,00

Cofins a recolher

1 | 66.880,00

> **Nota:**
>
> No caso de haver receitas sujeitas à incidência cumulativa (ou em cascata) da COFINS à alíquota de 3%, a contabilização da contribuição incidente processar-se-á da mesma forma que a da contribuição não cumulativa, ou seja, debita-se a conta correspondente de COFINS sobre Vendas ou Prestação de Serviços no subgrupo de deduções da receita bruta e credita-se a conta de COFINS a Recolher, no passivo circulante.

Registro da contribuição ao PIS devida:

Lançamento nº 2

D - PIS (CR - dedução da receita bruta)	13.200,00
D - PIS (CR - despesa tributária)	1.320,00
C - PIS a Recolher (PC)	14.520,00

Diante dos lançamentos acima, temos as seguintes razões:

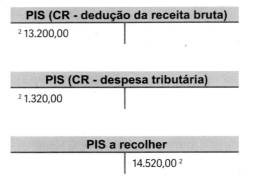

No caso de haver receitas sujeitas à incidência cumulativa (ou em cascata) da contribuição para o PIS à alíquota de 0,65%, a contabilização da contribuição incidente processar-se-á da mesma forma que a da contribuição não cumulativa, ou seja, debita-se a conta correspondente de

PIS sobre Vendas ou Prestação de Serviços no subgrupo de deduções da receita bruta e credita-se a conta de PIS a Recolher, no passivo circulante.

2.2. Faturamento "misto" (parte da receita sujeita ao regime da não cumulatividade, parte não) – Procedimento

Na hipótese de a pessoa jurídica sujeitar-se à incidência não cumulativa da contribuição para o PIS, em relação apenas a parte de suas receitas, o crédito será apurado exclusivamente em relação aos custos, despesas e encargos vinculados a essas receitas.

O crédito será determinado, a critério da pessoa jurídica, pelo método de:

a. Apropriação direta, inclusive em relação aos custos, por meio de sistema de contabilidade de custos integrada e coordenada com a escrituração; ou

b. Rateio proporcional, aplicando-se aos custos, despesas e encargos comuns à relação percentual existente entre a receita bruta sujeita à incidência não cumulativa e a receita bruta total, auferidas em cada mês.

Lembre-se de que o método eleito pela pessoa jurídica será aplicado consistentemente por todo o ano-calendário.

2.3. Exemplo

Admitindo-se que determinada empresa não possua sistema de contabilidade de custos integrada e coordenada com a escrituração, o crédito será determinado da seguinte forma (no desenvolvimento do exemplo, estamos utilizando os dados que constam do quadro estampado no subitem 2.1):

I – determinação do percentual da receita sujeita às contribuições não cumulativas

$$\frac{\text{Receitas sujeitas ao regime não cumulativo} \times 100}{\text{Receita total}} = \text{Percentual da receita sujeito ao regime não cumulativo}$$

Com base nos dados acima, temos:

$$\frac{\text{R\$ 880.000,00}}{\text{R\$ 1.100.000,00}} \times 100 = 0,80$$

O percentual acima apurado (80%) será utilizado para determinarmos o quanto de custos, despesas e encargos vinculados deve ser atribuído às receitas sujeitas às contribuições não cumulativas.

2.4. Apuração do crédito

No desenvolvimento do exemplo, consideremos os seguintes dados relativos ao mês de outubro/2023:

Item	Base de cálculo do crédito (R$)	Valor do crédito da Cofins antes da proporciona-lização (R$)	Valor do crédito do PIS antes da proporcionali-zação (R$)	Percentual de proporcio-nalização da receita	Valor do crédito de Cofins (R$)	Valor do crédito de PIS (R$)
	A	B	C	D	E	F
		7,6% de A	1,65% de A		B x D	C x D
a. Bens adquiridos para revenda no mês	R$ 500.000,00	R$ 38.000,00	R$ 8.250,00	1,00	R$ 38.000,00	R$ 8.250,00
b. Aluguel do depósito incorrido no mês (beneficiário pessoa jurídica)	R$ 5.800,00	R$ 440,80	R$ 95,70	0,80	R$ 352,64	R$ 76,56
c. Energia elétrica consumida no mês	R$ 1.200,00	R$ 91,20	R$ 19,80	0,80	R$ 72,96	R$ 15,84
d. Despesa de armazenagem suportada pelo vendedor	R$ 1.000,00	R$ 76,00	R$ 16,50	0,80	R$ 60,80	R$ 13,20
e. Encargos de depreciação de edifícios	R$ 3.100,00	R$ 235,60	R$ 51,15	0,80	R$ 188,48	R$ 40,92
f. Devoluções recebidas em outubro relativas às vendas efetuadas em setembro*	R$ 4.000,00	R$ 304,00	R$ 66,00	1,00	R$ 304,00	R$ 66,00
Total		R$ 39.147,60	R$ 8.499,15		R$ 38.978,88	R$ 8.462,52

* As devoluções referem-se aos produtos sujeitos ao regime não cumulativo.

Diante desses dados, temos os seguintes lançamentos:

Registro do crédito incidente sobre as aquisições de bens para revenda.

Lançamento nº 3

$$\frac{R\$\ 1.100.000,00 \times 100}{R\$\ 1.375.000,00} = 80\%$$

Registro do crédito incidente sobre a despesa de aluguel, incidente no mês.

Lançamento nº 4

D - Aluguéis (CR)	5.370,80
D - PIS a Recuperar (AC)	76,56
D - Cofins a Recuperar (AC)	352,64
C - Aluguéis a Pagar (PC)	5.800,00

Registro do crédito incidente sobre a despesa de energia elétrica consumida no mês.

Lançamento nº 5

D - Energia Elétrica (CR)	1.111,20
D - PIS a Recuperar (AC)	15,84
D - Cofins a Recuperar (AC)	72,96
C - Energia Elétrica a Pagar (PC)	1.200,00

Registro do crédito incidente sobre as despesas de armazenagem suportadas pelo vendedor, incidentes no mês.

Lançamento nº 6

D - Despesas de armazenagem (CR)	926,00
D - PIS a Recuperar (AC)	13,20
D - Cofins a Recuperar (AC)	60,80
C - Despesas de Armazenagem a Pagar (PC)	1.000,00

Registro do crédito incidente sobre os encargos de depreciação incidentes no mês.

Lançamento nº 7

D- Encargos de Depreciação (CR)	2.870,60
D - PIS a Recuperar (AC)	40,92
D - Cofins a Recuperar (AC)	188,48
C- Depreciação Acumulada - Edifícios (AP)	3.100,00

Opcionalmente, conforme estabelece § 14 do artigo 3º da Lei nº 10.833/2003 (parágrafo incluído pelo artigo 21 da Lei nº 10.865/2004), a partir de 1º.05.2004, o contribuinte poderá calcular o crédito relativo à aquisição de máquinas e equipamentos destinados ao Ativo Imobilizado, no prazo de quatro anos, mediante a aplicação, a cada mês, das alíquotas de 1,65%, tratando-se do PIS, e 7,6%, tratando-se da COFINS, sobre o valor correspondente a 1/48 do valor de aquisição do bem, de acordo com regulamentação da Secretaria da Receita Federal.

Registro do crédito incidente sobre as devoluções recebidas no mês relativas a vendas que integraram o faturamento do mês de setembro/2023:

I – COFINS

Lançamento nº 8

D - Cofins a Recuperar (AC)		304,00
C - Cofins sobre Vendas (CR)		304,00

II – PIS

Lançamento nº 9

D - PIS a Recuperar (AC)		66,00
C - PIS sobre Vendas (CR)		66,00

Concluídos os lançamentos 3 a 7, a conta PIS a Recuperar estaria assim representada:

Cofins a Recuperar		PIS/Pasep a Recuperar	
		(3) 8.250,00	
(3) 38.000,00		(4) 76,56	
(4) 352,64		(5) 15,84	
(5) 72,96		(6) 13,20	
(6) 60,80		(7) 40,92	
(7) 188,48		(9) 66,00	
(9) 304,00		(sd) 8.462,52	
(sd) 38.978,88			

2.5. Apuração do valor a pagar

Apurado o valor das contribuições incidente sobre o faturamento e os créditos aos quais a empresa tem direito, resta demonstrar a apuração do valor a pagar (ou a compensar, se for o caso).

A apuração desse valor consiste no confronto entre o saldo da conta "COFINS a Recolher" (R$ 66.880,00), no Passivo Circulante, e o saldo da conta "COFINS a Recuperar" (R$ 38.978,88), no Ativo Circulante, bem como o saldo da conta "PIS a Recolher" (R$ 14.520,00), no Passivo Circulante, e o saldo da conta "PIS a Recuperar" (R$ 8.462,52), no Ativo Circulante.

Registro da transferência para fins de apuração do valor das contribuições devidas no mês.

I – COFINS

Lançamento nº 10

D - Cofins a Recolher (PC)	38.978,88
C - Cofins a Recuperar (AC)	38.978,88

II – PIS

Lançamento nº 11

D - PIS a Recolher (PC)	8.462,52
C - PIS a Recuperar (AC)	8.462,52

Concluído o lançamento acima, as contas "COFINS a Recuperar" e "COFINS a Recolher" apresentar-se-iam da seguinte forma:

Cofins a Recuperar		Cofins a Recolher	
			66.880,00 [1]
[3] 38.000,00		[10] 38.978,88	
[9] 352,64		38.978,88	66.880,00
[5] 72,96			27.901,12 [sd]
[6] 60,80			
[7] 188,48			
[8] 304,00			
38.978,88			
	38.978,88 [10]		
38.978,88	38.978,88		
[sd] 0,00			

Enquanto as contas "PIS a Recuperar" e "PIS a Recolher" apresentar-se-iam como demonstrado a seguir:

PIS/Pasep a Recuperar		PIS/Pasep a Recolher	
			14.520,00 [2]
[3] 8.250,00		[11] 8.462,52	
[4] 76,56		8.462,52	14.520,00
[5] 15,84			6.057,48 [sd]
[6] 13,20			
[7] 40,92			
[9] 66,00			
[sd] 8.462,52			
	8.462,52 [11]		
8.462,52	8.462,52		
[sd] 0,00			

> **Nota:**
> Os números entre parênteses nos razonetes acima correspondem aos respectivos lançamentos.

Desta forma, temos que a empresa deverá recolher, a título de COFINS não cumulativa, o valor de R$ 27.901,12, e de contribuição ao PIS não cumulativa, R$ 6.057,48.

CAPÍTULO 10

PIS E COFINS – ESCRITURAÇÃO FISCAL DIGITAL

A partir de 2012, a Receita Federal do Brasil deu início a um cronograma de implantação da Escrituração Fiscal Digital da COFINS e do PIS/ PASEP (EFD-PIS/COFINS).

O novo modelo de escrituração desses tributos contribui para a modernização do acompanhamento fiscal e uniformiza o processo de escrituração que inicialmente abarcava o ICMS e o IPI.

A obrigatoriedade, originalmente prevista na Instrução Normativa RFB nº 1.052/2010, hoje se encontra disciplinada pela IN RFB nº 1.252/2012 e alterações posteriores.

Segue íntegra da Instrução Normativa RFB nº 1.252/2012.

> *"INSTRUÇÃO NORMATIVA RFB Nº 1.252, DE 01 DE MARÇO DE 2012*
>
> *Multivigente Vigente Original Relacional*
>
> *(Publicado(a) no DOU de 02/03/2012, seção, página 31)*
>
> *Dispõe sobre a Escrituração Fiscal Digital da Contribuição para o PIS, da Contribuição para o Financiamento da Seguridade Social (COFINS) e da Contribuição Previdenciária sobre a Receita (EFD-Contribuições).*
>
> ***Histórico de alterações***

(Alterado(a) pelo(a) Instrução Normativa RFB nº 1280, de 13 de julho de 2012)

(Alterado(a) pelo(a) Instrução Normativa RFB nº 1305, de 26 de dezembro de 2012)

(Alterado(a) pelo(a) Instrução Normativa RFB nº 1387, de 21 de agosto de 2013)

(Alterado(a) pelo(a) Instrução Normativa RFB nº 1876, de 14 de março de 2019)

O SECRETÁRIO DA RECEITA FEDERAL DO BRASIL, no uso da atribuição que lhe confere o inciso III do art. 273 do Regimento Interno da Secretaria da Receita Federal do Brasil, aprovado pela Portaria MF nº 587, de 21 de dezembro de 2010, e tendo em vista o disposto no art. 11 da Lei nº 8.218, de 29 de agosto de 1991, no art. 16 da Lei nº 9.779, de 19 de janeiro de 1999, nos arts. 10 e 11 da Medida Provisória nº 2.200-2, de 24 de agosto de 2001, no art. 35 da Lei nº 12.058, de 13 de outubro de 2009, nos arts. 7º a 9º da Lei nº 12.546, de 14 de dezembro de 2011, e no Decreto nº 6.022, de 22 de janeiro de 2007, resolve:

Art. 1º Esta Instrução Normativa regula a Escrituração Fiscal Digital da Contribuição para o PIS, da Contribuição para o Financiamento da Seguridade Social (COFINS) e da Contribuição Previdenciária sobre a Receita, que se constitui em um conjunto de escrituração de documentos fiscais e de outras operações e informações de interesse da Secretaria da Receita Federal do Brasil, em arquivo digital, bem como no registro de apuração das referidas contribuições, referentes às operações e prestações praticadas pelo contribuinte.

CAPÍTULO I DAS DISPOSIÇÕES GERAIS

Art. 2º A Escrituração Fiscal Digital da Contribuição para o PIS e da Contribuição para o Financiamento da Seguridade Social (COFINS) – (EFD-PIS/COFINS), instituída pela Instrução Normativa RFB nº 1.052, de 5 de julho de 2010, passa a denominar-se Escrituração Fiscal Digital das Contribuições incidentes sobre a Receita (EFD-Contribuições), a qual obedecerá ao disposto na presente Instrução Normativa, devendo ser observada pelos contribuintes da:

I.   *Contribuição para o PIS;*

II. *COFINS; e*

III. *Contribuição Previdenciária incidente sobre a Receita de que tratam os arts. 7º a 9º da Lei nº 12.546, de 14 de dezembro de 2011.*

Art. 3º A EFD-Contribuições emitida de forma eletrônica deverá ser assinada digitalmente pelo representante legal da empresa ou procurador constituído nos termos da Instrução Normativa RFB nº 944, de 29 de maio de 2009, utilizando-se de certificado digital válido, emitido por entidade credenciada pela Infraestrutura de Chaves Públicas Brasileira (ICP-Brasil), que não tenha sido revogado e que ainda esteja dentro de seu prazo de validade, a fim de garantir a autoria do documento digital.

Parágrafo único. A EFD-Contribuições de que trata o caput deverá ser transmitida, ao Sistema Público de Escrituração Digital (Sped), instituído pelo Decreto nº 6.022, de 22 de janeiro de 2007, pelas pessoas jurídicas a ela obrigadas nos termos desta Instrução Normativa e será considerada válida após a confirmação de recebimento do arquivo que a contém.

CAPÍTULO II DA OBRIGATORIEDADE E DISPENSA

Art. 4º Ficam obrigadas a adotar e escriturar a EFD-Contribuições, nos termos do art. 16 da Lei nº 9.779, de 19 de janeiro de 1999, e do art. 2º do Decreto nº 6.022, de 2007:

I. *em relação à Contribuição para o PIS e à COFINS, referentes aos fatos geradores ocorridos a partir de 1º de janeiro de 2012, as pessoas jurídicas sujeitas à tributação do Imposto sobre a Renda com base no Lucro Real;*

II. ~~em relação à Contribuição para o PIS e à COFINS, referentes aos fatos geradores ocorridos a partir de 1º de julho de 2012, as demais pessoas jurídicas sujeitas à tributação do Imposto sobre a Renda com base no Lucro Presumido ou Arbitrado;~~

II. *em relação à Contribuição para o PIS e à COFINS, referentes aos fatos geradores ocorridos a partir de 1º de janeiro de 2013, as demais pessoas jurídicas sujeitas à tributação do Imposto sobre a Renda com base no Lucro Presumido ou Arbitrado;*

(Redação dada pelo(a) Instrução Normativa RFB nº 1280, de 13 de julho de 2012)

III. ~~em relação à Contribuição para o PIS e à COFINS, referentes aos fatos geradores ocorridos a partir de 1º de janeiro de 2013, as pessoas~~

~~jurídicas referidas nos §§ 6°, 8° e 9° do art. 3°~~
~~da Lei n° 9.718, de 27 de novembro de 1998, e~~
~~na Lei n° 7.102, de 20 de junho de 1983;~~

III. *em relação à Contribuição para o PIS e à CO-FINS, referentes aos fatos geradores ocorridos a partir de 1° de janeiro de 2014, as pessoas jurídicas referidas nos §§ 6°, 8° e 9° do art. 3° da* Lei n° 9.718, de 27 de novembro de 1998, e na Lei n° 7.102, de 20 de junho de 1983;

(Redação dada pelo(a) Instrução Normativa RFB n° 1387, de 21 de agosto de 2013)

IV. *em relação à Contribuição Previdenciária sobre a Receita, referente aos fatos geradores ocorridos a partir de 1° de março de 2012, as pessoas jurídicas que desenvolvam as atividades relacionadas nos arts. 7° e 8° da Medida Provisória n° 540, de 2 de agosto de 2011, convertida na Lei n° 12.546, de 2011;*

~~V. em relação à Contribuição Previdenciária sobre a Receita, referente aos fatos geradores ocorridos a partir de 1° de abril de 2012, as pessoas jurídicas que desenvolvam as atividades relacionadas nos §§ 3° e 4° do art. 7° e nos incisos III a V do caput do art. 8° da Lei n° 12.546, de 2011.~~

V. *em relação à Contribuição Previdenciária sobre a Receita, referente aos fatos geradores ocorridos a partir de 1° de abril de 2012, as pessoas jurídicas que desenvolvam as demais atividades relacionadas nos arts. 7° e 8°, e no Anexo II, todos da Lei n° 12.546, de 2011.*

(Redação dada pelo(a) Instrução Normativa RFB nº 1387, de 21 de agosto de 2013)

~~Parágrafo único. Fica facultada a entrega da EFD--Contribuições às pessoas jurídicas não obrigadas, nos termos deste artigo, em relação à escrituração da Contribuição para o PIS e da COFINS, relativa aos fatos geradores ocorridos a partir de 1º de abril de 2011.~~

~~Parágrafo único. Fica facultada às pessoas jurídicas referidas nos incisos I e II do caput, a entrega da EFD-Contribuições em relação à escrituração da Contribuição para o PIS e da COFINS, referente aos fatos geradores ocorridos a partir de 1º de abril de 2011 e de 1º de julho de 2012, respectivamente.~~

(Redação dada pelo(a) Instrução Normativa RFB nº 1280, de 13 de julho de 2012) (Renumerado(a) pelo(a) Instrução Normativa RFB nº 1305, de 26 de dezembro de 2012)

§ 1º Fica facultada às *pessoas jurídicas referidas nos incisos I e II do caput, a entrega da EFD-Contribuições em relação à escrituração da Contribuição para o PIS e da COFINS, referente aos fatos geradores ocorridos a partir de 1º de abril de 2011 e de 1º de julho de 2012, respectivamente.*

§ 2º Excepcionalmente, poderão efetuar a transmissão da EFD-Contribuições até o 10º (décimo) dia útil *do mês de fevereiro de 2013:*

(Incluído(a) pelo(a) Instrução Normativa RFB nº 1305, de 26 de dezembro de 2012)

I.   *em relação à Contribuição Previdenciária sobre a Receita, referente aos fatos geradores ocorridos de 1º de março a 31 de dezembro de 2012, as pessoas jurídicas sujeitas a tributação do Imposto sobre a Renda com base no Lucro Presumido ou Arbitrado, que desenvolvam as atividades relacionadas nos arts. 7º e 8º da Medida Provisória nº 540, de 2 de agosto de 2011, convertidos no inciso I do art. 7º e no art. 8º da Lei nº 12.546, de 2011, com a redação dada pela Lei nº 12.715, de 17 de setembro de 2012;*

(Incluído(a) pelo(a) Instrução Normativa RFB nº 1305, de 26 de dezembro de 2012)

II. *em relação à Contribuição Previdenciária sobre a Receita, referente aos fatos geradores ocorridos de 1º de abril a 31 de dezembro de 2012, as pessoas jurídicas sujeitas a tributação do Imposto sobre a Renda com base no Lucro Presumido ou Arbitrado, que desenvolvam as atividades relacionadas nos §§ 3º e 4º do art. 7º e nos incisos III a V do caput do art. 8º da Lei nº 12.546, de 2011, combinado com o § 1º do art. 9º desta mesma lei, com a redação dada pela Lei nº 12.215, de 2012; e*

(Incluído(a) pelo(a) Instrução Normativa RFB nº 1305, de 26 de dezembro de 2012)

III. *em relação à Contribuição Previdenciária sobre a Receita, referente aos fatos geradores ocorridos de 1º de agosto a 31 de dezembro de 2012, as pessoas jurídicas sujeitas a tributação do Imposto sobre a Renda com base no Lucro*

Presumido ou Arbitrado, que desenvolvam as seguintes atividades:

(Incluído(a) pelo(a) Instrução Normativa RFB nº 1305, de 26 de dezembro de 2012)

a) as previstas no inciso II do caput do art. 7º;

(Incluído(a) pelo(a) Instrução Normativa RFB nº 1305, de 26 de dezembro de 2012)

b) as incluídas no Anexo à Lei nº 12.546, de 2011, a partir da alteração promovida pelo art. 45 da Medida Provisória nº 563, de 3 de abril de 2012, convertido no art. 55 da Lei nº 12.715, de 2012; e

(Incluído(a) pelo(a) Instrução Normativa RFB nº 1305, de 26 de dezembro de 2012)

c) as previstas no art. 44 da Medida Provisória nº 563, de 2012,

convertido no art. 54 da Lei nº 12.715, de 2012.

(Incluído(a) pelo(a) Instrução Normativa RFB nº 1305, de 6 de dezembro de 2012)

§ 3º Aplica-se também a obrigatoriedade de adotar e escriturar a EFD-Contribuições às *pessoas jurídicas imunes e isentas do Imposto sobre a Renda das Pessoas Jurídicas (IRPJ), cuja soma dos valores mensais das contribuições apuradas, objeto de escrituração nos termos desta Instrução Normativa, seja superior a R$ 10.000,00 (dez mil reais), observado o disposto no § 5º do art. 5º.*

(Incluído(a) pelo(a) Instrução Normativa RFB nº 1305, de 26 de dezembro de 2012)

§ 4º Em relação aos fatos geradores ocorridos a partir de 1º de janeiro de 2014, no caso de a pessoa jurídica ser sócia ostensiva de Sociedades em Conta de Participação (SCP), a EFD-Contribuições deverá ser transmitida *separadamente, para cada SCP, além da transmissão da EFD-Contribuições da sócia ostensiva.*

(Incluído(a) pelo(a) Instrução Normativa RFB nº 1387, de 21 de agosto de 2013)

§ 5º A obrigatoriedade de escrituração da Contribuição Previdenciária sobre a Receita Bruta referida nos incisos IV e V do *caput*, na EFD-Contribuições, não se aplica aos fatos geradores ocorridos a partir dos prazos de obrigatoriedade definidos na Instrução Normativa RFB nº 1.701, de 14 de março de 2017, para escrituração desta contribuição, na Escrituração Fiscal Digital de Retenções e Outras Informações Fiscais (EFD-*Reinf*).

(Incluído(a) pelo(a) Instrução Normativa RFB nº 1876, de 14 de março de 2019)

Art. 5º Estão dispensados de apresentação da EFD-Contribuições:

I. *as Microempresas (ME) e as Empresas de Pequeno Porte (EPP) enquadradas no Regime Especial Unificado de Arrecadação de Tributos e Contribuições devidos pelas Microempresas e Empresas de Pequeno Porte (Simples Nacional), instituído pela Lei Complementar nº 123, de 14 de dezembro de 2006, relativamente aos períodos abrangidos por esse Regime;*

II. *as pessoas jurídicas imunes e isentas do Imposto sobre a Renda da Pessoa Jurídica (IRPJ), cuja* *soma dos valores mensais das contribuições apuradas, objeto de escrituração nos termos desta Instrução Normativa, seja igual ou inferior a R$ 10.000,00 (dez mil reais), observado o disposto no § 5°;*

III. *as pessoas jurídicas que se mantiveram inativas desde o início do ano-calendário ou desde a data de início de atividades, relativamente às escriturações correspondentes aos meses em que se encontravam nessa condição;*

IV. os órgãos públicos;

V. *as autarquias e as fundações públicas; e*

VI. *as pessoas jurídicas ainda não inscritas no Cadastro Nacional da Pessoa Jurídica (CNPJ), desde o mês em que foram registrados seus atos constitutivos até o mês anterior* àquele *em que foi efetivada a inscrição.*

§ 1° São também dispensados de apresentação da EFD-Contribuições, ainda que se encontrem inscritos no CNPJ ou que tenham seus atos constitutivos registrados em Cartório ou Juntas Comerciais:

I. *os condomínios edilícios;*

II. *os consórcios e grupos de sociedades, constituídos na forma dos arts. 265, 278 e 279 da Lei n° 6.404, de 15 de dezembro de 1976;*

III. *os consórcios de empregadores;*

IV. *os clubes de investimento registrados em Bolsa de Valores, segundo as normas fixadas pela*

Comissão de Valores Mobiliários (CVM) ou pelo Banco Central do Brasil (Bacen);

V. *os fundos de investimento imobiliário, que não se enquadrem no disposto no art. 2º da Lei nº 9.779, de 1999;*

VI. *os fundos mútuos de investimento mobiliário, sujeitos às normas do Bacen ou da CVM;*

VII. *as embaixadas, missões, delegações permanentes, consulados-gerais, consulados, vice-consulados, consulados honorários e as unidades específicas do governo brasileiro no exterior;*

VIII. *as representações permanentes de organizações internacionais;*

IX. *os serviços notariais e registrais (cartórios), de que trata a Lei nº 6.015, de 31 de dezembro de 1973;*

X. *os fundos especiais de natureza contábil ou financeira, não dotados de personalidade jurídica, criados no âmbito de qualquer dos Poderes da União, dos Estados, do Distrito Federal e dos Municípios, bem como dos Ministérios Públicos e dos Tribunais de Contas;*

XI. *os candidatos a cargos políticos eletivos e os comitês financeiros dos partidos políticos, nos termos da legislação específica;*

XII. *as incorporações imobiliárias sujeitas ao pagamento unificado de tributos de que trata a Lei nº 10.931, de 2 de agosto de 2004, recaindo a obrigatoriedade da apresentação da EFD-Contribuições à pessoa jurídica incorporadora, em relação a cada incorporação submetida ao regime especial de tributação;*

XIII. *as empresas, fundações ou associações domiciliadas no exterior que possuam no Brasil bens e direitos sujeitos a registro de propriedade ou posse perante* órgãos públicos, localizados ou utilizados no Brasil;

XIV. *as comissões, sem personalidade jurídica, criadas por ato internacional celebrado pela República Federativa do Brasil e um ou mais países, para fins diversos; e*

XV. *as comissões de conciliação prévia de que trata o art. 1º da Lei nº 9.958, de 12 de janeiro de 2000.*

§ 2º As pessoas jurídicas que passarem à *condição de inativas no curso do ano-calendário, e assim se mantiverem, somente estarão dispensadas da EFD-Contribuições a partir do 1º (primeiro) mês do ano-calendário subsequente* à *ocorrência dessa condição, observado o disposto no inciso III do caput.*

§ 3º Considera-se que a pessoa jurídica está inativa a partir do mês em que não realizar qualquer atividade operacional, não operacional, patrimonial ou financeira, inclusive aplicação no mercado financeiro ou de capitais, observado o disposto no § 4º.

§ 4º O pagamento de tributo relativo a anos-calendário anteriores e de multa pelo descumprimento de obrigação acessória não descaracteriza a pessoa jurídica como inativa no ano-calendário.

§ 5º As pessoas jurídicas imunes ou isentas do IRPJ ficarão obrigadas à *apresentação da EFD-Contribuições a partir do mês em que o limite fixado no inciso II do caput for ultrapassado, permanecendo sujeitas a essa obrigação em relação ao restante dos meses do ano--calendário em curso.*

§ 6º Os consórcios que realizarem negócios jurídicos em nome próprio, inclusive na contratação de pessoas jurídicas ou físicas, com ou sem vínculo empregatício, poderão apresentar a EFD-Contribuições, ficando as *empresas consorciadas solidariamente responsáveis pelo cumprimento desta obrigação.*

§ 7º A pessoa jurídica sujeita à *tributação do Imposto sobre a Renda com base no Lucro Real ou Presumido ficará dispensada da apresentação da EFD-Contribuições em relação aos correspondentes meses do ano-calendário, em que:*

I. *não tenha auferido ou recebido receita bruta da venda de bens e serviços, ou de outra natureza, sujeita ou não ao pagamento das contribuições, inclusive no caso de isenção, não incidência, suspensão ou alíquota zero;*

II. *não tenha realizado ou praticado operações sujeitas a apuração de créditos da não cumulatividade do PIS e da COFINS, inclusive referentes a operações de importação.*

§ 8º A dispensa de entrega da EFD-Contribuições a que se refere o § 7º, não alcança o mês de dezembro do ano-calendário correspondente, devendo a pessoa jurídica, em relação a esse mês, proceder à *entrega regular da escrituração digital, na qual deverá indicar os meses do ano-calendário em que não auferiu receitas e não realizou operações geradoras de crédito.*

CAPÍTULO III DA FORMA E PRAZO DE APRESENTAÇÃO

~~Art. 6º A EFD-Contribuições deverá ser submetida ao Programa Validador e Assinador (PVA), especificamente desenvolvido para tal fim, a ser disponibilizado no sítio da Secretaria da Receita Federal do Brasil na Internet, no endereço, contendo, no mínimo, as seguintes funcionalidades:~~

Art. 6º A EFD-Contribuições deverá ser submetida ao Programa Gerador da Escrituração (PGE), especificamente desenvolvido para tal fim, a ser disponibilizado na Internet, no endereço sped.rfb.gov.br, contendo, entre outras, as seguintes funcionalidades:

Redação dada pelo(a) Instrução Normativa RFB nº 1.876, de 14 de março de 2019)

~~I. validação do arquivo digital da escrituração;~~

III. *criação e edição;*

(Redação dada pelo(a) Instrução Normativa RFB nº 1.876, de 14 de março de 2019)

~~II. assinatura digital;~~

IV. *importação;*

(Redação dada pelo(a) Instrução Normativa RFB nº 1.876, de 14 de março de 2019)

II. ~~- visualização da escrituração;~~

V.   – *validação;*

(Redação dada pelo(a) Instrução Normativa RFB nº 1.876, de 14 de março de 2019)

IV. ~~transmissão para o Sped; e~~

VI. *assinatura digital;*

(Redação dada pelo(a) Instrução Normativa RFB nº 1.876, de 14 de março de 2019)

V. ~~consulta à situação da escrituração.~~

VII. *visualização da escrituração;*

(Redação dada pelo(a) Instrução Normativa RFB nº 1.876, de 14 de março de 2019)

VIII.*transmissão para o Sped; e*

(Incluído(a) pelo(a) Instrução Normativa RFB nº 1.876, de 14 de março de 2019)

IX.   *recuperação do recibo de transmissão.*

(Incluído(a) pelo(a) Instrução Normativa RFB nº 1.876, de 14 de março de 2019)

Art. 7º A EFD–Contribuições será transmitida mensalmente ao Sped até o 10º (décimo) dia útil do 2º (segundo) mês subsequente ao que se refira a escrituração, inclusive nos casos de extinção, incorporação, fusão e cisão total ou parcial.

Parágrafo único. *O prazo para entrega da EFD–Contribuições será encerrado às 23h59min59s (vinte e três horas, cinquenta e nove minutos e cinquenta e nove segundos), horário de Brasília, do dia fixado para entrega da escrituração.*

Art. 8º O processamento do Pedido Eletrônico de Restituição,

Ressarcimento ou Reembolso e Declaração de Compensação (PER/ DCOMP), relativo a créditos da Contribuição para o PIS e da COFINS, observará a ordem cronológica de entrega das EFD Contribuições transmitidas antes do prazo estabelecido no art. 7º.

Art. 9º A apresentação da EFD-Contribuições, nos termos desta Instrução Normativa, e do Manual de Orientação do Leiaute da Escrituração Fiscal Digital da Contribuição para o PIS, da COFINS e da Contribuição Previdenciária sobre a Receita, definido em Ato Declaratório Executivo (ADE), editado com base no art. 12, dispensa, em relação às mesmas informações, a exigência contida na Instrução Normativa SRF nº 86, de 22 de outubro de 2001.

~~Parágrafo único. A geração, o armazenamento e o envio do arquivo digital não dispensam o contribuinte da guarda dos documentos que deram origem às informações neles constantes, na forma e nos prazos estabelecidos pela legislação aplicável.~~

~~(Renumerado(a) pelo(a) Instrução Normativa RFB nº 1387, de 21 de agosto de 2013)~~

§ 1º A geração, o armazenamento e o envio do arquivo digital não dispensam o contribuinte da guarda dos documentos que deram origem às *informações neles constantes, na forma e nos prazos estabelecidos pela legislação aplicável.*

§ 2º A recepção do arquivo digital da EFD-Contribuições não implicará reconhecimento da veracidade e legitimidade das informações prestadas, nem homologação da apuração das contribuições efetuada pelo contribuinte.

(Incluído(a) pelo(a) Instrução Normativa RFB nº 1.387, de 21 de agosto de 2013)

~~Art. 10. A não apresentação da EFD-Contribuições no prazo fixado no art. 7º acarretará a aplicação de multa no valor de R$ 5.000,00 (cinco mil reais) por mês-calendário ou fração.~~

~~Art. 10. A não apresentação da EFD-Contribuições no prazo fixado no art. 7º, ou a sua apresentação com incorreções ou omissões, acarretará aplicação, ao infrator, das multas previstas no art. 57 da Medida Provisória nº 2.158-35, de 24 de agosto de 2001.~~

~~(Redação dada pelo(a) Instrução Normativa RFB nº 1387, de 21 de agosto de 2013)~~

Art. 10 A não apresentação da EFD-Contribuições no prazo fixado no art. 7º, ou a sua apresentação com incorreções ou omissões, acarretará aplicação, ao infrator, das multas previstas no art. 12 da Lei nº 8.218, de 1991, sem prejuízo das sanções administrativas, cíveis e criminais cabíveis, inclusive aos responsáveis legais.

(Redação dada pelo(a) Instrução Normativa RFB nº 1.876, de 14 de março de 2019)

CAPÍTULO IV DA RETIFICAÇÃO DA ESCRITURAÇÃO

Art. 11. A EFD-Contribuições, entregue na forma desta Instrução Normativa, poderá ser substituída, mediante transmissão de novo arquivo digital validado e assinado, para inclusão, alteração ou exclusão de documentos ou operações da escrituração fiscal, ou para efetivação de alteração nos registros representativos de créditos e contribuições e outros valores apurados.

~~§ 1º O arquivo retificador da EFD-Contribuições poderá ser transmitido até o último dia útil do ano-calendário seguinte a que se refere a escrituração substituída.~~

§ 1º O direito de o contribuinte pleitear a retificação da EFD-Contribuições extingue-se em 5 (cinco) anos contados do 1º (primeiro) dia do exercício seguinte àquele *a que se refere a escrituração substituída.*

(Redação dada pelo(a) Instrução Normativa RFB nº 1.387, de 21 de agosto de 2013)

§ 2º O arquivo retificador da EFD-Contribuições não produzirá efeitos quanto aos elementos da escrituração, quando tiver por objeto:

I. *reduzir débitos de Contribuição:*

a) cujos saldos a pagar já tenham sido enviados à Procuradoria-Geral da Fazenda Nacional (PGFN) para inscrição em Dívida Ativa da União (DAU), nos casos em que importe alteração desses saldos;

b) cujos valores apurados em procedimentos de auditoria interna, relativos às informações indevidas ou não comprovadas prestadas na escrituração retificada, já tenham sido enviados à PGFN para inscrição em DAU; ou

c) cujos valores já tenham sido objeto de exame em procedimento de fiscalização;

II. *alterar débitos de Contribuição em relação aos quais a pessoa jurídica tenha sido intimada de início de procedimento fiscal; e*

III. *alterar créditos de Contribuição objeto de exame em procedimento de fiscalização ou de reconhecimento de direito creditório de valores objeto de Pedido de Ressarcimento ou de Declaração de Compensação.*

§ 3º A pessoa jurídica poderá apresentar arquivo retificador da escrituração, em atendimento a intimação fiscal e nos termos desta, para sanar erro de fato:

(Incluído(a) pelo(a) Instrução Normativa RFB nº 1.387, de 21 de agosto de 2013)

I. *na hipótese prevista no inciso II do § 2º*, havendo recolhimento anterior ao início do procedimento fiscal, em valor superior ao escriturado no arquivo original, desde que o débito tenha sido também declarado em DCTF; e

(Incluído(a) pelo(a) Instrução Normativa RFB n° 1.387, de 21 de agosto de 2013)

II. *na hipótese prevista no inciso III do § 2°, decorrente da não escrituração de operações com direito a crédito, ou da escrituração de operações geradoras de crédito em desconformidade com o leiaute e regras da EFD-Contribuições.*

(Incluído(a) pelo(a) Instrução Normativa RFB n° 1.387, de 21 de agosto de 2013)

§ 4° A pessoa jurídica que transmitir arquivo retificador da EFD-Contribuições, alterando valores que tenham sido informados na Declaração de Débitos e Créditos Tributários Federais (DCTF), deverá apresentar, também, DCTF retificadora, observadas as disposições normativas quanto à *retificação desta.*

(Incluído(a) pelo(a) Instrução Normativa RFB n° 1.387, de 21 de agosto de 2013)

CAPÍTULO V DAS DISPOSIÇÕES FINAIS

Art. 12. Incumbe ao Coordenador-Geral de Fiscalização estabelecer, em relação à EFD-Contribuições, mediante Ato Declaratório Executivo (ADE):

I. *a forma de apresentação, a documentação de acompanhamento e as especificações técnicas do arquivo digital;*

II. *as tabelas de códigos internas, referenciadas no leiaute da escrituração; e*

III. *as regras de validação, aplicáveis aos campos e registros do arquivo digital.*

Art. 13. Esta Instrução Normativa entra em vigor na data de sua publicação.

Art. 14. Fica revogada a Instrução Normativa RFB nº 1.052, de 5 de julho de 2010.

CARLOS ALBERTO FREITAS BARRETO

Este texto não substitui o publicado oficialmente."

Fonte: http://normas.receita.fazenda.gov.br/sijut2consulta/link.action?idAto=37466&visao=anotado

Último acesso em: em 17/05/2019 – 10hs19

CAPÍTULO 11

COMPENSAÇÃO DE CRÉDITOS DE PIS E COFINS RELATIVOS À EXCLUSÃO DO ICMS DA BASE DE CÁLCULO – ROTEIRO PRÁTICO

1. ASPECTOS GERAIS

Já é pacífico que o Supremo Tribunal Federal (STF) concluiu, em relação à chamada "tese do século", que o ICMS não deve integrar a base de cálculo do PIS/Cofins. Também foi definido na ocasião que o ICMS a ser considerado para exclusão é o destacado na nota fiscal e que os efeitos valem a partir de 15/03/2017.

No entanto, muitas empresas ainda "relutam" em compensar os valores pagos a maior em anos passados, em alguns casos por insegurança, em outras por desconhecimento.

Esclareça-se que o procedimento é simples, embora trabalhoso, no entanto, os impactos no caixa da empresa podem compensar todo o trabalho e, normalmente compensa, tendo em vista os valores envolvidos.

A recuperação dos valores pagos a maior consiste em:

- Retificar a EFD Contribuições mês a mês
- Retificar a DCTF correspondente ao mês que foi ou deveria ter sido declarado o débito
- Elaborar a PER/DCOMP

Podem se beneficiar dessa recuperação de valores as empresas tributadas pelo Lucro Real ou Lucro Presumido que comercializam mercadorias e/ou prestadoras de serviços de telecomunicação e transporte intermunicipal ou interestadual. Por sua vez, as empresas optantes pelo Simples Nacional não gozam dessa prerrogativa.

Vimos que para efetuar a compensação é preciso retificar a EFD Contribuições. É esse o procedimento que traz o maior volume de trabalho e que requer uma atenção maior do profissional. Isso tudo porque a retificação da EFD Contribuições **deverá ser feita mês a mês**.

Outro aspecto de suma importância que deve ser destacado diz respeito a forma como a declaração a ser retificada foi entregue, se de forma ANALÍTICA ou de forma SINTÉTICA.

A escrituração ANALÍTICA (ou DETALHADA) diz respeito ao fato de a escrituração na EFD Contribuições ter sido feita evidenciando-se os produtos item a item.

Já a escrituração SINTÉTICA (ou RESUMIDA) refere-se a escrituração da EFD não ter sido feita item a item.

2. EFD CONTRIBUIÇÕES ORIGINAL ENTREGUE DE FORMA ANALÍTICA

A forma analítica significa que a empresa escriturou registro C170 – Saídas, item a item. Já na forma sintética não há o registro C170, portanto, nesta segunda situação, não há o detalhamento item a item de cada uma das notas fiscais. E como o profissional pode saber qual a forma utilizada para fazer a declaração original, partindo-se do pressuposto que ele está retificando uma declaração preparada e entregue por outro profissional? Basta abrir a EFD Contribuições que se deseja retificar, acessar ESCRITURAÇÃO>BLOCOS 0 e F>CNPJ DA EMPRESA>C100>NOTA FISCAL>ITEM DA NF. Feito isso, abrir-se-á a janela C170 – SAÍDA – Itens do documento.

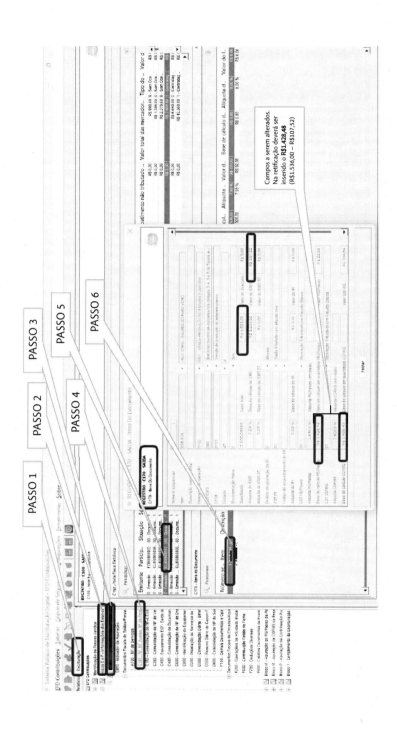

Com a janela do Registro C170 aberta procede-se ao ajuste. A orientação que consta do GUIA PRÁTICO DA EFD CONTRIBUIÇÕES – VERSÃO 1.35: ATUALIZAÇÃO EM 18/06/2021 (pág. 25) é que:

> *"1. Não existe campo específico para quaisquer exclusões de base de cálculo (desconto incondicional, ICMS destacado em nota fiscal). O ajuste de exclusão devera ser realizado diretamente no campo base de cálculo."*

Portanto, no exemplo acima, o campo base de cálculo deverá ser alterado para R$ 1.428,48 (R$ 1.536,00 – R$ 107,52).

Feita a retificação da EFD Contribuições (item a item de cada nota fiscal), procede-se a retificação da DCTF e, em seguida ao processo de compensação por meio da PER/DCOMP. A retificação da DCTF e a elaboração da PER/DCOMP são demonstradas adiante.

Cuidado! O processo, embora simples, é extremamente cansativo, sobretudo em se tratando de empresas que operam com uma infinidade de produtos. Para esses casos, recomenda-se o envolvimento da área de tecnologia no sentido de operacionalizar o processo, ou a contratação de um *software*. Hoje há no mercado empresas que comercializam aplicativos que convertem os arquivos txt da EFD Contribuições em arquivo Excel e, a partir daí, são feitos os ajustes necessários e, posteriormente, esses arquivos em Excel são reconvertidos em txt e importados para o programa da EFD Contribuições.

3. EFD CONTRIBUIÇÕES ORIGINAL ENTREGUE DE FORMA SINTÉTICA

Vimos acima como "descobrir" se a EFD Contribuições original foi entregue de forma analítica. Agora, como saber se a EFD Contribuições foi entregue de forma sintética (sem apresentação do Registro C100)? O procedimento é idêntico ao demonstrado no item 2. Basta abrir a EFD Contribuições que se deseja retificar, acessar ESCRITURAÇÃO>BLOCOS 0 e F>CNPJ DA EMPRESA. Feito isso, não ausência do Registro C100 fica caracterizada a entrega de forma SINTÉTICA.

O quadro abaixo mostra como identificar se a EFD Contribuições foi entregue de forma sintética.

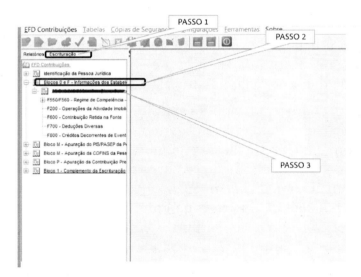

Naturalmente, se a EFD Contribuições tiver sido entregue de forma sintética, não há que se falar não sua retificação item a item da nota fiscal, mesmo porque essas informações não constaram da EFD Original.

Adiante é demonstrado todo o processo de elaboração da EFD Contribuições retificadora, DCTF retificadora e consequente elaboração da PER/DCOMP.

4. EXEMPLO DE RETIFICAÇÃO DA EFD CONTRIBUIÇÕES, DCTF E ELABORAÇÃO DA PER/DCOMP

O exemplo que se segue reflete uma empresa ambientada em junho de 2018 sujeita, à época, ao regime cumulativo das contribuições ao PIS e Cofins (empresa tributada com base no lucro presumido) e que na época da compensação/ elaboração da PER/DCOMP (maio/2023), encontrava-se tributada com base no lucro real trimestral.

A EFD Contribuições original foi entregue de forma sintética o que, por sua vez, "inviabiliza" a retificação item a item. No entanto, se no seu caso pratico a EFD Contribuições original tiver sido entregue de forma ANALÍTICA, basta proceder conforme orientação do item 2. No que diz respeito à retificação da DCTF e elaboração da PER/DCOMP, os procedimentos são idênticos aos comentados neste item.

Segue exemplo de elaboração de EFD Contribuições original elaborada de forma Sintética.

4.1 EFD Contribuições e DCTF originais

Caso prático:

EFD CONTRIBUIÇÕES – ORIGINAL M200/M600

SECRETARIA DA RECEITA FEDERAL DO BRASIL
SISTEMA PÚBLICO DE ESCRITURAÇÃO DIGITAL – SPED   Versão EFD-Contribuições: 5.0.2

RECIBO DE ENTREGA DE ESCRITURAÇÃO FISCAL DIGITAL - CONTRIBUIÇÕES

IDENTIFICAÇÃO DA ESCRITURAÇÃO

Contribuinte: ▮▮▮▮▮▮▮▮▮▮▮▮▮▮▮▮▮▮▮▮▮
CNPJ: ▮▮▮▮▮▮▮▮▮▮▮   SCP: Tipo: Original
Identificação do arquivo: ▮▮▮▮▮▮▮▮▮▮▮▮▮▮▮▮▮▮▮
Período de apuração: 01/06/2018 a 30/06/2018

APURAÇÃO DAS CONTRIBUIÇÕES SOCIAS	PIS/PASEP	COFINS
REGIME DE APURAÇÃO NÃO-CUMULATIVO		
Valor Total do crédito disponível relativo ao período	R$ 0,00	R$ 0,00
Valor Total da Contribuição Apurada	R$ 0,00	R$ 0,00
(-) Valor total dos créditos descontados	R$ 0,00	R$ 0,00
(-) Valor total de retenções e outras deduções	R$ 0,00	R$ 0,00
= Valor da contribuição Social a Recolher	R$ 0,00	R$ 0,00
Saldo de créditos relativo ao período a utilizar em períodos futuros	R$ 0,00	R$ 0,00

REGIME DE APURAÇÃO CUMULATIVO		
Valor Total da Contribuição Apurada	R$ 1.078,27	R$ 4.976,63
(-) Valor total de retenções e outras deduções	R$ 0,00	R$ 0,00
= Valor da Contribuição Social a Recolher	R$ 1.078,27	R$ 4.976,63

APURAÇÃO DA CONTRIBUIÇÃO PREVIDENCIARIA SOBRE RECEITAS	
Valor Total da Contribuição Apurada sobre Receitas	R$ 0,00
(+) Valor total dos ajustes de acréscimo	R$ 0,00
(-) Valor total dos ajustes de redução	R$ 0,00
Valor da Contribuição Previdenciária a Recolher	R$ 0,00

DCTF ORIGINAL (valores de PIS)

INFORMAÇÃO PROTEGIDA POR SIGILO FISCAL

CNPJ: ████████████████████   Junho/2018

Débito Apurado e Créditos Vinculados — R$

GRUPO DO TRIBUTO	PIS/PASEP — CONTRIB. P/PROGRAMA DE INTEGRAÇÃO SOCIAL/FORMAÇÃO PATRIM. SERV. PÚBLICO
CÓDIGO RECEITA	: 8109-02

PERIODICIDADE: Mensal   PERÍODO DE APURAÇÃO: Junho/2018

DÉBITO APURADO	1.078,27
CRÉDITOS VINCULADOS	
— PAGAMENTO	1.078,27
— COMPENSAÇÕES	0,00
— PARCELAMENTO	0,00
— SUSPENSÃO	0,00
SOMA DOS CRÉDITOS VINCULADOS:	1.078,27
SALDO A PAGAR DO DÉBITO:	0,00

Valor do Débito — R$ Total: 1.078,27

Total da Contribuição no período, antes de efetuadas as compensações: 1.078,27

Pagamento com DARF — R$ Total: 1.078,27

Relação de DARF vinculado ao Débito.

PA: 30/06/2018   CPF/CNPJ: ████████████████   Código da Receita: 8109

Data do Vencimento   25/07/2018   N° da Referência:

Valor do Principal:	1.078,27
Valor da Multa:	0,00
Valor dos Juros:	0,00
Valor Total do DARF:	1.078,27
Valor Pago do Débito:	1.078,27

DCTF ORIGINAL (valores de COFINS)

SECRETARIA DA RECEITA FEDERAL DO BRASIL	TRIBUTÁRIOS FEDERAIS
	INFORMAÇÃO PROTEGIDA POR SIGILO FISCAL

CNPJ: ⬛⬛⬛⬛⬛⬛⬛⬛⬛⬛⬛⬛⬛⬛	Junho/2018

Débito Apurado e Créditos Vinculados — R$

```
GRUPO DO TRIBUTO    : COFINS — CONTRIBUIÇÃO P/ FINANCIAMENTO DA SEGURIDADE SOCIAL
CÓDIGO RECEITA      : 2172-01
PERIODICIDADE: Mensal              PERÍODO DE APURAÇÃO: Junho/2018
   DÉBITO APURADO                                               4.976,63
   CRÉDITOS VINCULADOS
     — PAGAMENTO                                                4.976,63
     — COMPENSAÇÕES                                                 0,00
     — PARCELAMENTO                                                 0,00
     — SUSPENSÃO                                                    0,00
   SOMA DOS CRÉDITOS VINCULADOS:                                4.976,63
   SALDO A PAGAR DO DÉBITO:                                        0,00
```

Valor do Débito — R$	Total: 4.976,63

Total da Contribuição no período, antes de efetuadas as compensações: 4.976,63

Pagamento com DARF — R$	Total: 4.976,63

```
Relação de DARF vinculado ao Débito.
PA: 30/06/2018              CPF/CNPJ: ⬛⬛⬛⬛⬛⬛⬛⬛⬛⬛   Código da Receita: 2172
Data do Vencimento    25/07/2018              Nº da Referência:
Valor do Principal:                                            4.976,63
Valor da Multa:                                                   0,00
Valor dos Juros:                                                 0,00
Valor Total do DARF:                                           4.976,63
Valor Pago do Débito:                                          4.976,63
```

Como não poderia ser diferente, os valores de PIS e Cofins informados na EFD Contribuições, coincidem com aqueles informados na DCTF.

Os valores originalmente declarados foram:

- PIS: R$ 1.078,27
- Cofins: R$ 4.976,63.

O levantamento feito mostrou que o valor de PIS e Cofins devidos estavam "majorados" pela inclusão do ICMS na base de cálculo dessas contribuições. Os valores efetivamente devidos correspondem a:

- PIS: R$ 938,98
- Cofins: R$ 4.333,76.

Desse modo, foi necessário proceder aos seguintes ajustes a serem refletidos na EFD Contribuições:

- PIS: R$ 139,29 (R$ R$ 1.078,27 – 938,98)
- Cofins: R$ 642,87 (R$ 4.976,63 – R$ 4.333,76)

As parcelas recolhidas a maior, após a retificação da EFD Contribuições e da DCTF, serão objeto de requerimento de restituição e/ou compensação por meio de PER/DCOMP. Observa-se que deverá ser feita uma PER/DCOMP para o PIS outra para a Cofins, para cada mês.

Importante: a empresa tem 5 anos para efetuar a compensação dos valores.

Atenção: os valores pagos indevidamente serão compensados atualizados pela Selic. O próprio sistema da PER/DCOMP atualiza esses valores.

4.2 Retificação da EFD Contribuições

Nesse caso devemos alterar os blocos M200 e M600 da EFD Contribuições e seus "filhos", especificamente M205/M605, M210/M610, M220/M620 e M225/M625.

Para fins práticos e de reprodução das telas, será trabalhado o bloco M200 (PIS) e seus "filhos". O tratamento a ser dispensado ao bloco M600 (Cofins) e seus filhos é idêntico, sendo desnecessária a sua reprodução/explicação.

Passo 1: Retificar o registro M200

EFD Original

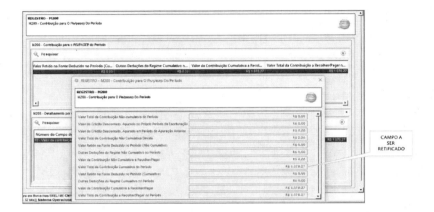

EFD Retificadora

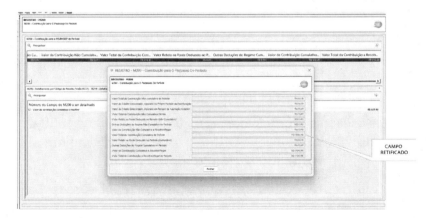

Passo 2: Retificar o registro M205 (visão da DCTF)

Muita atenção para esse registro. Não podemos esquecer que o valor da contribuição devida apurada na EFD

Contribuições deve ser refletida na DCTF. Portanto, é fundamental proceder a retificação do respectivo registro.

EFD ORIGINAL

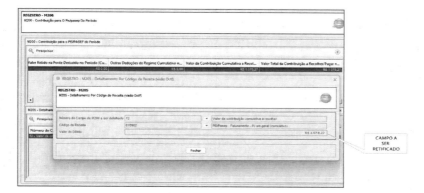

EFD Retificadora

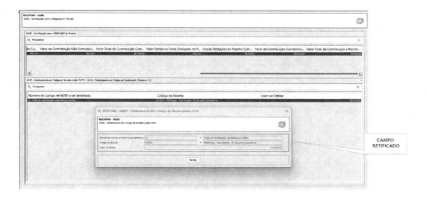

Passo 3: Retificar o registro M210 (lançamento da redução a parcela do ICMS embutido no valor da contribuição)

Muita atenção para esse registro. Não podemos esquecer que o valor da contribuição devida apurada na EFD

Contribuições deve ser refletida na DCTF. Portanto, é fundamental proceder a retificação do respectivo registro.

EFD Original

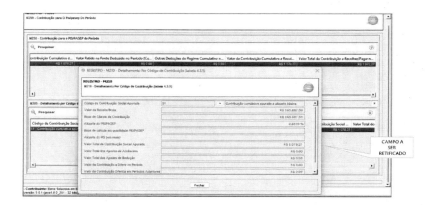

EFD Retificadora

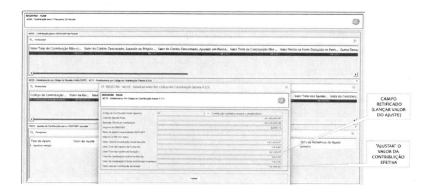

Atenção:

O exemplo aqui desenvolvido está ambientado em junho/2018. A partir de janeiro de 2019 foi habilitado o campo "Total dos Ajustes de Redução da Base de Cálculo da Contribuição". Portanto, é recomendável que a partir de 2019 os eventuais ajustes provenientes da redução da contribuição sejam alocados neste campo. Veja imagem com o campo em destaque:

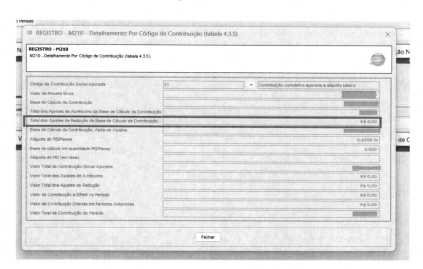

Passo 4: Preencher o registro M220 (ajustes da contribuição)

Com o lançamento no registro M210 do "Valor Total dos Ajustes de Redução" (R$ 139,29), o próprio sistema abre o Registro M220. O registro no caso deve ser preenchido conforme demonstrado.

Veja que não existe essa ficha na EFD Contribuições original, isto porque não havia ajustes na contribuição apurada. O sistema abriu esse registro na EFD Contribuições, porquanto informamos no registro M210 da EFD Contribuições que havia ajustes.

EFD Retificadora

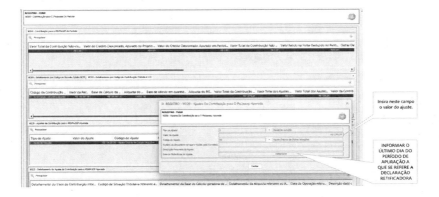

Passo 5: Preencher o registro M225 (detalhamento do ajuste)

Como no passo 4 foi criado pelo sistema o Registro M220 para evidenciar os ajuste na contribuição, o sistema, na EFD Contribuições retificadora também criará um novo registro, identificado como Registro M225 que vai detalhar o ajuste efetuado.

Com o lançamento no registro M210 do "Valor Total dos Ajustes de Redução" (R$ 139,29), o próprio sistema abre o Registro M220. O registro no caso deve ser preenchido conforme demonstrado.

Veja que não existe essa ficha na EFD Contribuições original, isto porque não havia ajustes na contribuição apurada. O sistema abriu esse registro na EFD Contribuições, porquanto informamos no registro M210 da EFD Contribuições que havia ajustes.

EFD Retificadora

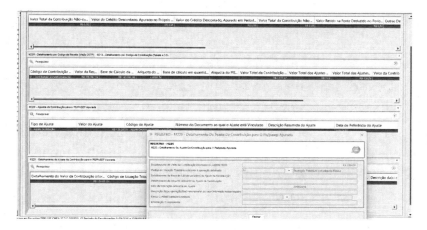

4.3 Retificação da DCTF

Feita a retificação da EFD Contribuições, o passo seguinte é retificar a DCTF. A retificação consiste em substituir os valores anteriormente apurados pelos valores já excluído do ICMS sobre as vendas. Veja que a retificação dos demais tributos que tenham constado da DCTF original deve ser informada também na declaração retificadora.

Passo 6: Retificação da DCTF

No nosso exemplo, o resumo da DCTF retificadora se apresentaria da seguinte forma:

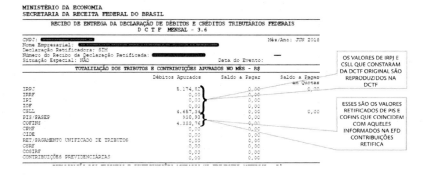

4.4 Elaboração da PER/DCOMP

Depois de elaborada a retificação da EFD Contribuições e da DCTF, deve-se acessar o Portal e-CAC com certificado digital e solicitar a compensação.

Deverá ser feito o preenchimento do pedido eletrônico de compensação e enviado pelo próprio sistema.

Ao longo do preenchimento será necessário informar o valor do crédito original em virtude do pagamento a maior, o código de recolhimento, o período de apuração.

Passo 7: proceder à elaboração da PER/DCOMP

Naturalmente, como se trata de um pedido de compensação, deverá ser informado o débito que está sendo compensado, até o limite do crédito que se pretende compensar.

No nosso exemplo consideremos que a empresa deseja compensar o valor do PIS apurado em abril/2023, com vencimento em 25/05/2023, no valor de R$ 200,00.

Veja que a empresa tem um débito a vencer que será pago, parte por meio da compensação ora efetuada e a diferença por meio de DARF que será emitido pela diferença entre o crédito atualizado é o débito apurado (naturalmente, caso a empresa tenha mais créditos relativos a outros meses, poderá abater também esse crédito do saldo remanescente a pagar.

No entanto estamos considerando que a empresa não tenha mais crédito a compensar. Neste caso, teremos a seguinte situação:

Considerando, no nosso exemplo que a empresa não tenha mais nenhum valor para compensar, neste caso teremos:

Valor do débito tributário com vencimento
em 25/05/2023   = R$ 200,00

(-) Valor do crédito tributário atualizado = R$ 184,25

(=) Diferença a ser recolhida em DARF   =   R$ 15,75

Abaixo é reproduzido o valor ora compensado. Veja que o valor informado é aquele até o limite do crédito (R$ 184,25).

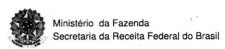

Por fim, o recibo de entrega da PER/DCOMP se apresentaria da seguinte forma: